狄德罗
06
作品集

**DENIS
DIDEROT**

达朗贝尔的梦

LE RÊVE DE D'ALEMBERT

德尼·狄德罗 —— 著　　龚觅　周莽 —— 译　　罗芃 —— 主编

目　录

对自然的解释 *

龚觅/译

* 本文据保尔・韦尼埃尔所编《狄德罗哲学文集》（*Oeuvres philosophiques de Diderot*，Éditions Garnier Frères，1964）译出。

致准备研究自然哲学的青年

年轻人，拿起这本书来，读一读它吧。如果你能将这部作品读完，你将会打开一部更妙的作品的天地。与其说我是想教导你，不如说是想训练你，所以你对我的意见是赞成还是拒斥并不重要，要紧的是你应该在上面用心。如果遇到一位比我更聪慧的贤士，他会教你认识自然的力量；至于我，只要能让你探索自己的能力，我便已心满意足。再见。

又及：临别之际再附一言。请时刻谨记在心：自然并非上帝，人并非机器，假说并非事实；也请相信，无论在何处，只要你认为自己体验到的事物与上述原则相悖，那你就完全没有懂得我说的话。

在黑暗中，我们能看见为光明普照的万物。

卢克莱修，《物性论》第六卷[①]

① 据一九五三年法国社会出版社所刊《狄德罗选集》的主编让·瓦尔罗所考，卢克莱修的这句引文实出自《物性论》第四卷，并非第六卷。

一

　　我在此处要论述的乃是自然。我打算听凭自己的思绪自由行事，让它们按照其对象在我思想中出现的顺序，依次在我笔下铺展，因为这样一来，它们对我精神的运动和走向的表现只会更好。这些思想或者是对实验技术的一般的观察，或者专注于某种特别的现象，这一现象吸引着我们所有的哲学家，甚至能将他们分为两类。在我看来，第一类哲学家拥有许多工具和甚少观念；另一类则截然相反，富于观念而全无工具。对真理的兴趣要求所有的思考者都能俯身与行动者相结合，以便获得多方面的收益：思辨者可借此免于行动的操劳；操作者可在自己的无限的行动中树立一个目标；我们所有的努力可以从此联合、协调起来，以克服自然对我们的理智的抵抗；最后，每个置身于这个哲学家团体的成员从此都可以各尽其能。

二

我们的时代以最勇敢、最坚定的方式确认了以下的真理，任何优秀的物理学家对它都不能视而不见，而它也无疑将带来极为正面的后果：数学领域是一个理性的世界，一切在那里被视作严格的真理的东西，一旦被带回到我们的大地上来，就会彻底地失去这个优势。① 人们曾得出结论说，应该由实验哲学来纠正几何学的计算，这个主张甚至得到了几何学家们的认可。然而为何要用实验去指正几何计算呢？径直坚持实验本身的结果，难道不是更加简单快捷？由此可以看出：一切数学知识，尤其是超验的数学，一旦离开了实验就无法通往任何确切的知识；数学乃是普遍形而上学的一种，一切形体在其中都被剥夺了各自的特征；接下来，我们至少可以就此写一本大书，它不妨题为《论实验在几何学上的应用》或者《论度量中的误差》。

三

我不知道在赌博的机灵和数学的天才之间是否存在某种联

---

① 狄德罗在此对数学进行了批评，这显然回应了布封所著《博物志》第一讲中的下列观点："数学的真理的好处在于它们总是确定的、论证性的，但同时又是抽象的，理性并且抽象。物理的真理则相反一点也不抽象，完全不依赖于我们；它们不是建立在我们的假说之上，而是建立在事实的依据之上。"

系，但无论如何，赌博和数学本身总是可以相提并论的。在这二者中间，倘若抛开命运给前者带来的不测，或者将其比作抽象给数学带来的不确定性，那么赌博在很大程度上可以被视为在某些给定条件下的待解的问题的不定序列。没有任何数学问题是不适合这样的定义的，而论其本质，数学家眼中的对象也并不比赌博者操心的东西更有实存性。无论对赌博还是数学而言，这无非都是约定俗成的事。当几何学家诋毁形而上学家时，他们绝不会想到自己的科学也属于形而上学的行列。人们或许会问："什么是形而上学家？"几何学家会答道："那不过是一个一无所知的人。"然而，化学家、物理学家、博物学家以及一切从事实验工作的人，他们在判断此事时一定会同样愤慨，在我看来他们会为形而上学打抱不平，把同样的恶评还给自以为是的几何学家。他们会说："这些玄妙的天体学说，繁复无比的理论天文学计算，如果不能免去布拉德雷和勒莫尼埃①实际观察天象的任务，它们究竟又有何益处呢？"而我则会说：那些精于抽象科学，却并不因此不善艺术欣赏，那些既懂得贺拉斯和塔西佗，也熟知牛顿，那些既能发现曲线的规律，也能品味诗人的美的几何学家，他们是有福的；他们的精神和著作将流芳百世，他们的贡献配得上世上所有学院的荣誉。他们绝不会湮没无闻，更无需担心自己肉体尚存而声名

① James Bradley（1692—1762），英国天文学家；Pierre-Charles Le Monnier（1715—1799），法国物理学家、天文学家。

已灭。

四

我们正在见证科学史上一场伟大的革命。和道德、文艺、自然史及实验物理学在人们心中获得的盛誉相比，我几乎可以断言，不用百年，欧洲将找不到三个大几何学家。这门科学将止步于伯努利家族、欧拉、莫佩尔蒂、克莱罗、方丹和达朗贝尔①，分隔科学与蛮荒的赫拉克勒斯之柱将由他们竖立起来，人类再也无法走得更远。就如同埃及金字塔上镌刻的象形文字让我们在颤栗中想到那些建造它的人们的力量和才能，这万世不灭的奇迹，同样也属于伟大几何学家们的著作。

五

当一门科学诞生之际，社会上人人都敬仰拓荒者，大家都想主动认识引发轰动的新奇之事，希望通过某种发现来博取声

---

① 伯努利家族是一个瑞士家族，在十七到十八世纪涌现过很多数学家、物理学家和天文学家；Leonhard Euler（1707—1783），著名瑞士数学家和物理学家；Pierre louis Moreau de Maupertuis（1698—1759），法国哲学家、数学家、物理学家、天文学家；Alexis Clairaut（1713—1765），法国数学家；Alexis Fontaine des Bertins（1704—1771），法国数学家；Jean le Rond d'Alembert（1717—1783），法国数学家、哲学家、百科全书派学者。

名，或者与名人分享某种头衔；凡此种种心思都使人青睐这门新兴的学问。一时间，心性各异的大众都不免趋之若鹜。此辈中有无所事事、终日在社交场上奔走之人，也有反复无常的投机者，他们满心想着在这时髦的学说里赢得在其他学科里无法获得的名望，于是果断将旧说抛弃。一些人把新的科学变成自己的行当，另一些人则凭着趣味去接近它。这些纷繁复杂的动机和努力汇聚起来，使科学迅速推进到它的极限。然而，随着它的边界的扩大，人们对它的崇敬却减少了，只有那些才智卓越的人物才能继续得到社会的尊敬。科学的拥趸不断缩减，人们不再投身于一个财富和机遇不断衰竭的领域。现在，除了那些依靠这门科学维生的雇工，从事研究的只剩下少数天才人物，他们在新学的浪潮消散之后很久，依然能保持自己的名誉，并且明知自己的工作无利可图也不改初衷。在我们眼中，他们的工作不啻给全人类带来荣耀的壮举。这就是几何学的简史，也是所有未来将不再有益心智、也不再悦人性情的学问的简史，我甚至认为自然史也不例外。

六

当我们把自然现象的无穷无尽和我们知性的边界与感官的脆弱做一番比较，当我们意识到自己工作的迟缓，受困于它们长久的、经常性的中断，哀叹天才的匮乏之时，除了从联结宇宙大全的伟大链条上脱落下来的几个孤立的片段，我们还能抓住什么呢？即便实验哲学在未来的世纪里依旧忙碌不休，即便它所搜集的材料最后积累到不可计数的地步，终究也难以精确地列举这个世界。再说，纵然一切现象尽皆为我们所知，而它们的不同种类都分别用一个词语来指示，那么，为了容纳这些术语，又需要怎样浩繁的卷帙？哲学的语言，什么时候才能变得完整呢？即便它将万物涵盖无遗，凡人中又有谁能明辨它呢？如果永恒的造物主想通过比展示自然的奇迹更明显的方式来表现他的无所不能，竟然愿意在他亲手擘画的书页上铺陈万物的运行大道，我们会认为这本大书比宇宙本身更清晰易懂吗？一个哲学家，即使竭尽他的禀赋，也未必能通晓古代几何学家究竟如何定义圆球和圆柱的关系，他又能领会这本大书上的几页篇幅呢？这样说来，通过这些书页，我们倒是很好地把握了精神能力的界限，让自己的虚荣心得到绝佳的嘲讽。我们或许可以说：费马读到了某一页，阿基米德又走到了更远的某处。那么，我们的目标又是什么呢？是从事一桩永远不能完成，远远高出人力之上的伟业。我们难道不是比示拿地①的初民们更加疯狂吗？我们知道天地之间无限的距离，却不肯停止通天塔的修建。然而，是否真的可以断言，我们受挫的高傲之心永远不会放弃这桩伟业？人困居于此世，却一意孤行，想在

———————

① 《圣经》地名，在巴比伦，传说中的巴别塔即建于此地。

天穹之上修造那不可居留的殿宇；当他汲汲于此时，难道不会受困于语言的繁杂混乱这一自然历史中最为常见的、令人烦恼的局面吗？再说，"实用"一语早已框定了一切。在未来的几个世纪里，"实用"的概念将为实验物理学划出界线，就像它正在规定几何学的范围一样。我之所以给出几个世纪的时间，是因为物理学的实用领域毕竟远过于任何抽象的科学，它毫无疑问是我们一切真实的知识的根基。

七

当事物只存在于我们的知性中时，它们被称作主观意见。作为概念，它们或真或伪，可以被认可，也可能招致反对；只有在和外物联系起来的时候，它们才能获得自身的确定性。上述联系要么通过若干连续不断的实验来建立，要么取决于若干连续不断的推理，而推理的链条两端又分别连接着观察和实验；或者，在另一种情况下，联系的基础是一个中间夹杂着若干推理的由实验组成的序列，就仿佛一条两端悬挂起来的丝线中间系上了重物，倘若缺少这些重物，只要空气中有一丝一毫的震颤，丝线就会随之摇摆起来。

八

那些在自然中没有根基的概念，就好比北方森林中没有根去维系的树木。只要有一丝微风，一桩不足道的事实，无根的森林和观念体系就会轰然坍塌。

九

人们很难察觉对真理的探究法则是多么严格，而我们掌握的方法又是何等稀少。一切都取决于从感知返回思考，又从思考复返感知，如此在自我与外物之间出入不止，循环往复。这便是蜜蜂的工作。如果我们不重新进入盛放着蜂蜡的蜂房，那即便四处奔走采撷，又有何益？如果我们不懂得用蜂蜡建造蜂巢，那么白白堆积的材料也不过是无用之物罢了。

十

然而，不幸的是，探究自我比探求自然要更加容易、便捷。同样，理性总是倾向于停留在它自身之中，而本能却总是四处旁溢。本能忙于观看、品尝、触摸、倾听；也许和听教授的课程相比，研究动物会让我们学到更多的实验物理学。动物的行为中没有任何欺骗把戏。它们径直奔向自己的目标，对周遭的一切心无旁骛；即便动物让我们感到惊讶，那也绝非它们的本意。惊讶是一切伟大的现象带给我们的首要的效果，哲学的目标却是要消除它。实验哲学课的意义是让它的听众变得更加睿智而非一味惊愕。如果人在自然现象面前志得意满，仿佛自然是他的作品，则无异于模仿那位蒙田《随笔集》的愚蠢编者，此人以大师本人自居，每次听到蒙田的名字都会脸红。①人总是有机会提供一个伟大的教益，即承认自己的不足。坦诚地说一声"我对此一无所知"，借此赢得他人的信任，难道不是远远胜过强不知以为知，孤芳自赏，实则到处含混其词，丢丑卖乖吗？一个人遇到不懂得的事情，如果坦率地承认自己的无知，倒能让我愿意相信他试图向我解释的东西。

十一

人的惊讶之心往往来自如下事实：人们总是声言有诸多奇迹，事实上却只有一个；在自然中，人们总是认为有多少种现象，就对应多少种个别的行为，可事实上只发生过单一的行为。甚至，在我们看来，如果自然中不得不发生众多的行为，那么由此引发的不同后果也将是彼此隔绝的，现象的不同序列

---

① 此处暗指皮埃尔·科斯特（Pierre Coste），他是英国哲学家洛克的法译者，曾于一七二四年编纂出版了蒙田的《随笔集》。孟德斯鸠讽刺他说："科斯特先生认为是自己造就了蒙田，每次听到别人当面夸赞蒙田，他都会脸红。"

彼此间也将是完全独立的，这样一来，哲学所假设的事物的连绵不断的链条也将四处分崩离析。一个单一的行为的绝对独立是和整全的观念无法兼容的，而没有整全的观念，就没有哲学可言。

十二

自然似乎乐于以无限多样的方式去变换生命组织的结构。如果不把一个物种下的个体以所有可能的面貌全部生产出来，自然是不会抛弃这个物种的。以动物界为例，我们可以看到，没有任何一种四足动物，其身体的各项功能及组成部分——特别是内部器官——在其他四足动物身上找不到与之极其相似的特性。有鉴于此，我们怎么可能不被说服，相信动物界曾有一种最初的物种，它是其他所有动物的原型，自然不过改动了它的某些器官，将其加长、缩短、改造、增加或者缩减，于是创造了其他的物种呢？试想人的手指如果合并到一起，指甲组织急剧增厚，扩展膨胀并把其他部分都包容起来，那么，这手掌也就变成了马蹄。一个原型物种，无论其最初的外形如何，倘若它发生连续的变化，使一个物种以我们难以觉察的方式悄悄地向另一个物种转化，并且充填了新旧两个物种之间的边界区域（如果"边界"这个词堪用的话，毕竟，在两个物种之间并不存在截然的划分），我想说的是，如果这种连续的变化使得边界区域中充满了模糊的、含混不清的存在物，其中一个物种的形态、特征和功能在这些中间物身上消失，被另一个物种的形态、特征和功能取而代之的话，那么谁能抗拒这样的想法，即的确存在着所有物种的共同原型，也就是那最初的物种呢？然而，无论这个哲学上的猜测被鲍曼博士①接受，还是被布封先生②拒斥，我们都无法否认，对推进实验物理学和理性哲学而言，对发现和解释关于生命组织的各种现象而言，这一猜测都是至关重要的。因为很明显，自然在不同的生命组织之间保存下这么多的相似之处，同时在它们的形态方面又制造出这么多的差异，那么，它让自己从一个生命组织上取走的东西显现在另一个组织上，就是无法避免的了。这犹如一位酷爱乔装打扮的女性在作不同的装束时，总不免让身体的各个部分春光乍泄，既然这样，那些念念不忘追求她的人，怎能不怀有有朝一日将她的整个身体尽收眼底的希望呢？

十三

我们已经发现，两性都拥有同样的精液。存储精液的器官

---

① 莫佩尔蒂于一七五一年化名鲍曼（Baumann）出版了《关于系统的普遍本质的形而上学导论》。
② Georges-Louis Leclerc de Buffon（1707—1788），法国博物学家、数学家、哲学家和文学家，《博物志》的作者。

在我们眼中也不再神秘。当自然迫使女性向男性求欢时，她的器官中出现的那种奇特的变化，现在也已经弄清楚了。在两性的接触中，如果我们比较双方的快乐时刻的征象，并且确定双方的快感都体现为同样非同寻常的、清晰可辨的亢奋，我们就不会怀疑男女双方都有精液排出。然而在女性身上，它是在何处，以怎样的方式排出的呢？精液最后会变成什么？它排出的通道又是什么呢？我们要知道这些事，就得等到自然——它不会在所有的地方、所有的方面都同样神秘——通过另一个物种向我们揭开它的面纱。看上去，答案会是下面两种可能中的一个：要么，某些器官将大大膨胀；要么，由于精液数量急剧增加，它会在它所产生的器官和流动的路径中，随时随地地排出。我们在一个物种上明白看清的事，很快也会在相似的物种上显现。在实验物理学中，我们通过观察较大的现象去研究较小的现象；同样，在理性物理学中，我们也尝试通过较小的物体去认识较大的物体。

十四

广大的科学世界在我眼中犹如一片辽阔的土地，其中交织着黑暗的和被光明照亮的区域。我们工作的目的应该是扩展那光明之地的边界，或在黑暗中投进更多的光亮。前一项工作属于能开天辟地的英才，后者则有待那些富有智慧、能使事情变得完善的人。

十五

我们拥有三个主要的方法：对自然的观察、思考以及实验。观察搜集事实，思考将其组合起来，实验则验证组合的结果。对自然的观察应当是专注持久的，思考应当深入，实验则必须精确。我们很少看见这三种方法同时得到应用。同样，创造型的天才人物也是罕见的。

十六

哲学家探求真理，往往像拙劣的政治人物捕捉机遇一样，他看到头顶光秃秃的一面，就声称真理不可寻觅，可此时实干家的手已经鬼使神差摸到了有头发的地方。当然也应该承认，即使在精明的实验者中间也有时运不佳的人：有些人一辈子都在观察昆虫却一无所获，有些人漫不经心地一瞥，就发现了真蛸或者雌雄同体的蚜虫。

十七

世上缺少天才吗？不。抑或天才身上缺乏沉思和研究的习惯？更非如此。科学史上群星璀璨，大地上到处树立着纪念我们的成就的丰碑。然而为什么我们掌握的确定的知识是如此稀少？到底背上了怎样的霉运，科学的进步才如此艰难？难道我们命中注定将永远是一群稚童？对这些疑问，我有了自己的答案。最杰出的心灵，一贯被抽象科学所占据，而它带来的成果却乏善可陈。要么，对那些理应知晓的事物，人们干脆不屑一顾；要么，人们在研究时既没有决断，也没有眼光和方法。发表的文字连篇累牍，对事物的真知却永远那么落后。

十八

从事哲学的正确的方式，过去和将来都应该是将知性应用于知性本身，也将知性和实验应用于感知，将感知应用于自然，将自然应用于对工具的研究，再将工具应用于对技术的探求和改进，这些技术必须教给人民，好让他们懂得尊重哲学。

十九

要让俗人看重哲学，除了指明它的用处，别无他法。俗人总是会问：这到底有什么用？对这样的逼问，绝不能回答它没有用处；俗人不知道，启示哲学家的东西和他们心目中的有用之物是截然不同的，因为哲学家的知性总是受益于让俗世受害的东西，而世间的有用之物则会蒙蔽哲学家的心灵。

二十

事实，不管它们是怎样的性质，对哲学家来说都是真正的财富。可惜理性哲学有一个偏见，认为不懂得数自己的钱币的人，并不比手中只有一个硬币的人更富有。比起搜集新的事实来，理性哲学在比较、整理自己业已掌握的事实方面，显然投入了多得多的精力，这真是一个不幸。

二十一

搜集和整理事实，是两种十分艰辛的工作。由于不可得兼，哲学家们就对二者进行了分工。一部分人终身致力汇集材料，就像工匠一样实干、勤劳。另外一些人则如高傲的建筑师，一心想着如何用材料修建大厦。然而时至今日，理性哲学建构的所有高楼几乎都已经倾覆。那些浑身尘土的工匠在地下埋头挖掘，他们迟早会给这些只凭着头脑修造起来的大楼以致命一击。坍塌之后，大楼只剩下碎砖乱瓦，再等着另一个胆大妄为的头脑用新的办法把这废墟加以重建。就像过往对伊壁鸠鲁、卢克莱修、亚里士多德和柏拉图一样，自然总会赋予有体系癖的哲学家以飞腾的想象力、滔滔不绝的口才，让他们借着生动华美的图像宣讲他们的思想，这样的天才有福了！他修建的高楼终会倒塌，可他的塑像还会在废墟中屹立不倒，从高山上滚落的岩石也砸不垮它，因为塑像的根基绝不是用黏土制成的。

二十二

知性有它的诸多偏见。感知是不可靠的，记忆有它的限制，想象力若隐若现不可捉摸，工具也难言完美。现象世界无穷无尽，因果不可考，形式也无常。认知世界的障碍在我们自己身上，自然也会从外部加给我们种种迷障，要克服它们，我们唯有依靠迟缓的实验和限制重重的思考力。哲学要想撬动地球，就只能依靠这样的杠杆。

二十三

哲学被我们分成两种，实验的和理性的。前者蒙上眼睛摸索前行，抓住所有掉落在手边的东西，最后也会遇到珍贵的财富。后者把这些贵重之物加以搜集并制成火炬，可直到今天为止，这所谓的火炬的用处，并不比在黑暗中的摸索对实验哲学的用处更大，而且理当如此。实验无限地增加它的步骤，永不停止自己的行动，理性用多少时间去建立现象之间的类比，实验就花多少时间去寻找现象本身。实验哲学既不知道自己将会遭遇什么，也不知道有哪些东西是永远不会遭遇的，它只是永不停歇地工作。理性哲学则恰恰相反，它衡量着各种可能性，得出结论，然后大功告成。它会大胆地说：光是不可分解的——实验哲学在几个世纪里都默默地听着它的话，然而突然，它指着棱镜说：光现在被分解开了。

二十四

实验物理学纲要

实验物理学一般关注存在、性质和运用问题。

存在包括历史、特性、生成、保存和毁灭。

历史指场所、引入、排除、代价、前例等等。

特性包括内外所有的感性特征。

生成指从最初的萌芽到完美状态的全部过程。

保存指将事物固定在这一状态的所有方法。

毁灭指从完美状态到解体或衰败、分解或消融的最后可知状态。

性质可以是普遍的，也可以是个别的。

那些为一切存在所共有，只有数量上的区分的性质，我称之为普遍的。

那些构成某一特定存在的性质，我称之为个别的；这些性质或者属于众多实体，或者属于某个单独的或被分解的实体。

运用可以扩展到比较、应用和组合这几个方面。

比较可以着眼于相似性，也可以着眼于差异性。

应用应当做到尽可能的全面和多样化。

组合可以是类似的，也可以是奇怪的。

二十五

我之所以说组合可以是类似的或奇怪的，是因为自然中万事皆有其结果，最荒唐的和最合乎理性的实验莫不如此。实验哲学并不做任何预设，它欣然接受一切可能发生的事；而理性哲学对一切都了然于胸，即使它所期待的事并不真的发生。

二十六

实验哲学是一种无立场的研究，它并不要求心灵为之做任何准备。对其他的哲学我们则难言如此。大部分哲学都刺激我们对猜测的狂热癖好，实验哲学则终究要压制这种倾向。人们迟早会厌倦做各种笨拙的猜测的。

二十七

任何人都可能被激发起对观察的兴趣，可对实验的兴趣，似乎只有在富有之人身上才能萌发。

观察，不过要求我们习惯使用自己的感官罢了；而实验则要求旷日持久的花费开支。那些大人物能够想象出各种不太体面的奢侈之风，倒是可以期望他们此外再加上实验这种破家的行当。说起来，与其被商人们盘剥殆尽，不如把财富施舍给一位化学家；与其徒劳无功地追逐幽灵般的欢愉，不如沉醉于实验物理学，学问至少有时还能带来真正的愉快。如果我的朋友受到一个美丽的交际花的引诱，我会给他一个忠告，现在我可以把它转送给那些囊中羞涩，却心仪于实验物理学的哲学家们：

占有拉伊丝吧，只要你不被拉伊丝占有。[①]

我尤其愿意把这句话送给那些胸怀远大、敢于设想世界的体系，同时又足够富贵、能够用实验的手段来验证真理的人：大胆地设想那些体系吧，我同意你们这样做，但不要被体系所统治：占有拉伊丝吧！

[①] 据第欧根尼·拉尔修在《名哲言行录》中所记，希腊哲学家亚里斯提卜（Aristippe de Cyrène，前435—前356）和交际花拉伊丝及她的追求者们在一起，却并不感到尴尬，有人指责他失去了哲学家的体面，他回答说："占有拉伊丝并不妨碍你做一位哲学家，只要你不被拉伊丝占有。"

二十八

在理想的情形下，实验物理学可以被比作老农临终告诫的寓言。这位父亲告诉自己的孩子们，他在地里埋下了一笔宝藏，可是他忘记了具体的地点。于是他的孩子们翻遍这片土地，一无所获，可是当收获的季节来到时，他们却得到了意想不到的收成。

二十九

第二年，其中的一个儿子对他的兄弟们说道："我仔细检查了父亲给我们留下的这块地，我相信已经找到了埋藏宝藏的地方。听着，我是这么想的。如果宝藏真的在地里，那它周围一定有一些标志，好确定具体的位置。在往东的角落里，我看到了一些特别的痕迹，那里的土像是被人翻动过。可是，经过去年的寻找，我们知道宝藏根本不在这片土地的表面，所以它只能被埋在地底深处了。我们再拿起铲子来，不要停，一直挖到那老啬鬼藏宝的地窖。"兄弟几人与其说被他的这番推理说服，不如说是寻宝心切，于是动手挖了起来。他们挖得很深，但依然一无所获，于是他们渐渐绝望起来，议论纷纷，可忽然其中一人看见地里有闪光的颗粒，他相信那是一个矿藏。其实，这是一个前人已经开采过的铅矿，现在被他们发现，经过一番重新开采，让他们赚了大钱。理性哲学的观察和它提出的系统思想经常会设计一些实验，其结果往往就如这个故事的结局。那些在可能根本无解的问题上孜孜以求的化学家和几何学家们也是如此，他们无意间得到的发现，可能比本来要寻找的答案更加重要。

三十

做实验一旦成了习惯，那些最笨手笨脚的工匠也会有神启似的预感。只有他们会像苏格拉底一样误会，把它称作自己的"守护神"。苏格拉底有一个不可思议的习惯，他善于识人且精于判断情势，在最微妙的场合下，他也可以靠一己之力，迅捷地、秘密地作出正确的判断，事后情势的发展往往和他的预测相去不远。他看人就像有品位的鉴赏家看精妙的作品一样，全然是凭自己的感觉。在实验物理学中，我们的巨匠们也有同样的直觉。他们经常地、密切地观察自然的运动，因此即便在他们用最奇怪的实验去挑战自然时，也可以非常精确地预言自然在这种情况下的走势。这样看来，对那些跟随他们学习实验物理学的人，他们能够给予的最大的帮助，与其说是教授对方实验的方法和结果，倒不如说是向他们传授猜测的直觉——靠着这种直觉，人们可以"嗅到"闻所未闻的方法、全新的实验，以及被忽视的结果。

三十一

然而这种机灵的直觉又是怎样得到传授的呢？这就需要掌握这种神通的人接纳地气，首先自己弄明白这到底是怎么回事，把"守护神"翻译成清楚的、可以理解的概念，然后向他人一一解说明白。例如，倘若通灵者发现，所谓直觉，其实是一种可以推测或觉察事物之间的相似性或对立性的能力，而要获得这种能力，归根到底还是要通过观察事物的物理特性——要么单独地观察它们，要么把事物联系起来观察以便了解它们之间的相互作用——以求得到相应的实践知识，那么，在此前提下，通灵者就可以扩展这一观念。他可以把直觉建立在自己记忆中拥有的无穷无尽的事实的基础上，涌现在他脑海中的一切光怪陆离的表象都将得到忠实的反映。我之所以用光怪陆离一语，因为除此以外，还有什么词能够很好地描述这一连串对相似或对立的特性的猜测呢？要知道，这些相似或对立的关系是如此遥远，如此模糊不清，即便一个病人烧坏了脑子，他的梦境也不会比它们更古怪，更支离破碎了。在这个奇特的世界里，或许没有一个命题是不可以被驳斥的，要么从它自身来讲，要么从它与在先和在后的命题的关系来讲，总是可以驳斥它。这样看来，无论就其假设的前提还是就其推论的后果而言，这都是一个脆弱的整体，以至于人们虽然可以从中推导出相关的观察和实验，但经常不屑于去做。

例证

三十二

第一组假设

1. 有一种奇特的肉身被人们称为鬼胎，它在女人身上孕育，照有些人的说法，是并没有男人的介入的。生殖的奇迹，无论是以怎样的方式完成的，一定需要两性共同的参与。如此看来，鬼胎莫非不是一种组合，组成它的元素，要么来自在生殖行为中的女性，要么来自正以各种方式与女性接触的男性？这些元素在男人身上安静地匿伏着，如果扩散到那些天性炽烈、想象力丰富的女性身上，被她们的身体留住，难道它们不会被点燃、激发，获得生命力吗？或者，它们安静地藏匿在女性身上，遇到性情枯燥乏味、不想生育而只图发泄欲望的男人，或者女性自己本来欲望强烈却受到压抑，它们难道不会被催发起来，从产生它们的部位进入子宫，在那里停留下来并自行组合？所谓鬼胎，难道不就是这样单性繁殖的结果？区别不过是它们的构成元素究竟来自男性还是女性罢了。但是，即使鬼胎的成因真的如我假设的那样，是一种单性组合，这种组合也仍然和正常的繁殖一样，有它不变的法则。鬼胎也有稳定的构造。让我们拿起解剖刀，打开鬼胎的肉身并且仔细观察，也许我们就能看到，有些鬼胎与众不同，带有与两性差异相关的痕迹。上述行为，就是我们所说的从"一无所知"到"略有所知"的进步过程。那些已经具有实验物理学方面的天才，或者正在从自然中获得这种天才的人，在很大程度上都具有这种非理性的习惯。科学上的诸多发现，都要归因于诸如此类的梦境。我们要让学生掌握的，正是这种猜测自然奥秘的神通，当然前提是这种神通的确可以被传授。

2. 但假设随着时间的推移，人们发现没有男人的参与，鬼胎就不会在女人身上孕育，那我们就可以得出一些关于这不寻常的肉体的新的推测，它们看上去比前文的假设更加合理。正如我们知道的那样，这个被称作"胎盘"的血管团的外形类似一个圆帽或一个蘑菇，其凸起的部分在整个妊娠期间都附着在子宫上，脐带则好比这"蘑菇"的茎。在分娩的痛苦中，胎盘会从子宫脱落，如果孕妇身体健康，分娩顺利，胎盘的表面将是平整的。假定一切事物在它们的孕育、构造和用途中，都只是像物体的强度、运动的规律和普遍的法则所规定的那样，别无异样；同时，又假定这个圆帽状的只是附着在子宫表面的物体，从妊娠一开始，其边缘就逐步与子宫脱离，以至于随着体积的增大，分离的程度也逐渐加深，那么我就会想，这些无所依附的边缘部分将会卷合起来，形成一个球状物；至于脐带，则会受到两种相反的力的牵扯，一种是来自胎盘的已经分离的、凸起的边缘的力，它要使脐带缩短，另一种则是胎儿的重力，它要拉长脐带，于是在这两种相反的牵扯力之下，脐带倒比正常情况下要短得多。还可以继续设想，到了某一时刻，那分离的边缘将会靠拢并完全卷在一起，团成一个卵形，其中心将是一个形态怪异的胎儿——它先天不足，血管堵塞，收缩成团，毫无生息——可这个胎儿还会继续获得营养，继续发育，直到它的重量使其与子宫仍然连接的那一小块部分也完全脱开，于是这个胎儿就完全悬浮在子宫里，最终就像母鸡下蛋一样，被排出人体——正好它也的确类似一个鸡蛋，至少在外形上如此。如果上述推测在某个鬼胎身上得到了证实，同时也能证明这个鬼胎的孕育过程的确没有男人的参与，那么显而易见，这胎儿是独自在女人身上产生的，男人的作用不过是在这个过程中助推了一把而已。①

三十三

第二组假设

假定就像我们最伟大的哲学家中间的一位所声称的那样②，地球有一个坚实的玻璃质的核心，其表面布满尘埃，那

---

① 这一段奇特的文字很可能是对布封在《动物史》中的某些观点的回应。他认为女性即便不与男性交合，也可能会生出"鬼胎"，就像母鸡不用公鸡也能下蛋一样。
② 这个假说同样来自布封，参见他的《地球论》第一卷中的《论行星的构造》一文。

我们可以断定，由于离心力法则的作用，自由运动的物体会向赤道聚集，地球的形状将趋向一个扁平的球体，而南北两极堆积的尘埃将比其他维度上的要薄；同时，地核在地球轴心的两端也许是裸露的，正是由于这个特点，我们才能解释磁针以及北极光的方向性问题，毕竟北极光可能只是电流。

磁和电极有可能是两种同因共生的现象。为什么不可以用地球的旋转、组成地球的物质的能量，以及与后者结合在一起的月球的效应来解释电磁问题呢？海水的涨潮和退潮、洋流、风、光照、地球上的自由微粒，甚至可能包括地核之外的整个地壳的运动，以无数种方式造成了持续不断的摩擦力，这些因素的作用是如此显著和持久，多少世纪下来，其影响自然极为可观。地核由玻璃质构成，其表面不过是玻璃的残渣、砂砾以及其他与玻璃近似的物质，而在所有的物质中，玻璃是最容易通过摩擦生电的，因此，地球上所有与电相关的现象，为什么不能用地壳表面和地核受到的各种摩擦力来解释呢？不过，从这些最一般的因果关系中，我们还可以推想，如果通过一些实验，我们将可以进一步确定一种具体的因果，它可以在北极光和磁针的指向这两种自然现象中建立一种与磁和电之间的关系近似的联系，而磁与电之间的关联，是我们通过单纯通电就能使指针磁化这个实验证明了的。我们可以承认或者驳斥上述观念，因为到目前为止，它们还仅仅存在于我的知性世界中。应该通过实验来赋予它们更多的确证性，而物理学家的工作就是设计这些实验，一旦实验完成，现象之间究竟是同因共生还是互不相干，也就能够得到确认了。

三十四

第三组假设

在任何地方，一旦通电，带电的物质就会散发出刺鼻的硫磺味。关于这个特点，化学家们是否有话要说呢？他们为什么不通过手边掌握的所有方法，拿含有最高密度的导电物质的液体去做实验呢？我们对这些事情知之甚少，甚至还不知道和纯净水相比，导电的水溶解糖的速度是会更快抑或更慢。我们使用的普通的炉火能够显著增加某些物质的重量，如被煅烧的铅就是一例；假设通电引起的火持续地作用于这种金属，其重量增加的程度更高于普通的火，那么，在两种不同性质的火之间，不就可以建立一种新的关系了吗？人们曾经做过实验，想验证这种不寻常的火是否能给药物带来不同的疗效，使其中的物质更有作用，使药方更加灵验，可是这些实验是否被过早地终止了？谁知道电会不会改变晶状体的结构和特性呢？有多少假设可以通过想象力去提出，并可以通过实验去得到确认或否定啊！对此请参看下一节的内容。

三十五

第四组假设

大多数天气变化、自发燃起的鬼火、各种气体、坠落的流星、自然或人工造成的磷火、腐烂并且发光的木头，所有这些现象，是否都是电造成的结果呢？对各种与磷有关的事情，人们为什么不做必要的实验来弄清楚它们呢？为什么我们没有想到去验证空气是不是和玻璃一样，是一种天然带电的物质，也就是说，只要通过摩擦和击打，它自己就能通电？有谁知道空气如果充满含硫物质，会不会比单纯的空气更容易带电？假如我们将一根巨大的金属棒以极快的速度在空气中旋转，由于它与空气接触的面积足够大，我们将会看到空气是否会带电，并将电传递到金属棒上面。假如在实验中，我们燃烧磷或其他物质，也能看到哪些物质能够增加或减少空气中带电的性质。地球两极地区的空气较冷，或许它将比赤道地区的热气更容易带电；另外，由于冰可以带电而水却不能，那么，又有谁知道，极地常年堆积的数量庞大、并且也许天然地向极地更加裸露的地核汇集的寒冰，是不是磁针的指向以及北极光这些现象的成因呢？要知道，磁针和北极光可能同样都与电有关，这是我们在第二组假设里已经提到过的。我们的观察已经触及自然界中最普遍、最重要的机制当中的一个，现在应该通过实验来揭示它的效应。

三十六

第五组假设

1. 假设一根琴弦被绷紧，并由一个小小的阻碍物将其分成两个长度不等的部分，但确保一个部分的振动并不因此无法传递到另一个部分，在这种情况下，我们知道这个阻碍物会把琴弦上较长的部分再度分为若干振动的段，以至于琴弦的两部分可以发出和谐一致的声音，而较长部分的各振动段却各自被两个不动的点所限定。由于发音体的鸣响并非较长一段琴弦再度分为多段的原因，反而两段琴弦的和谐共振倒是这种划分的结果，那么我就想到以下的内容：假如我们用一根金属棒去替换琴弦并大力击打它，棒体沿着其长度会形成若干波腹和波节；对其他具有弹性特征、能发音或不能的物体来说，也是如此，因此这个现象并不像人们以为的那样，专属于振动的弦，它适用于一切被击打的物体，区别只在于程度高低的不同，所以它属于运动的传递的一般规律。我又想到，在所有被击打的物体中，有众多趋于无限小的振动的部分，也有许多彼此无限接近的不动的点，或曰波节；这些振动部分和波节，就是物体被击打以后——有时物体没有发生位移，有时位移发生过但已经停止——我们所以能通过触觉感知到震颤的原因。我认为，上述假设符合震颤的下列特性：震颤的位置，并不是与触觉器官的全部感知面相接触的物的所有面积，而是分布在被接触之物的表面上的无限多个点。表面上看，在所有具有弹性的连续的物体中，惯性力均等地分布，它在每个点上都起着阻碍另一个点的运动的作用。假设在振动的琴弦上，被击打的部分无限地小，并由此使得波腹也无限地小，波节则无限地相互接近，那么，这里就重现了一个被外物碰撞的立体物所经历的事情，只不过琴弦是在一个方向，或曰一条线上，而立体物的反应发生在所有方向上。此外，由于振动着的琴弦上被隔断的部分的长度是确定的，另一个部分上的静止不动的点的数量也就绝不会增加；既然不管击打琴弦的力量有多大，不动点的数量反正不变，既然在物体的碰撞中变化的只有振动的速度，那么震颤或有强弱，振动的点与不动点之间的数量关系却不会变化，整个物体中"休眠"的物质的数量也是恒定的，这与碰撞力的大小、物体的密度、物体各部分的内聚力强弱都无关。几何学家由这些在振动的弦上得出的计算出发，可以将其扩展到棱柱体、球体、圆柱体，他们只需要这样做，就能够找到被碰撞物的运动分布的一般规律。到目前为止，人们还远远没有开始研究这些规律，因为人们甚至都还没有意识到这一现象的存在，相反倒假定运动均匀地分布在整个物体中，尽管，通过感知这条途径，物在碰撞中发生的震颤已经明确告诉我们，振动的点的的确确分布在不动点之中：我之所以特意要说在碰撞中，是因为在没有碰撞发生、却有运动的传递的情况下，物体会像最微小的分子一样被抛出去，而运动将同时发生在这个物的所有部分。在这些情形下，就不会有任何震颤，也就是说，碰撞与否造成的差别会很大。

2. 鉴于力的分解原理，我们总是可以把作用于某个物体的诸多力还原为一个单一的力：如果作用于物体的力的量和方向都已确定，并且我们希望确定由它所产生的运动，我们会发现物体向前移动，就好像这个力正好通过物体的重心一样；或者，我们会看到这个物体围绕着重心旋转，好像重心固定不变，力围绕着它就像围绕支点一样。因此，如果有两个分子互相吸引，它们会根据引力以及它们的形状等规律，同时对对方起支配作用。假如由这两个分子构成的系统吸引了第三个分子，并且相应的，系统也受到第三个分子的引力，那么，这三个分子同样也会根据引力、各自形状等方面的规律，相互支配对方；由此类推，同样的现象会扩展到更多的系统和分子中去。如果现在组成了一个系统 A，在它中间，不管分子之间是否互相接触，也不论分子是处于运动还是静止状态，它们都会共同抵御来自外部的干扰力，但这里有两种可能性：如果干扰力最终消失，分子们将恢复到它们最初的状态；如果干扰力持续作用，则系统就将根据它们彼此的引力规律，根据它们的形状和干扰力的作用，来重新组织系统。系统 A 就是我所说的有弹性的物体。在这个普遍、抽象的意义上，行星系统乃至整个宇宙都是一个弹性物体，所谓"混沌"是没有的，因为根据物质的原始性质，必然会有某种秩序从中引申出来。

3. 假设系统 A 被放置在真空中，它将是不可摧毁、不可扰动、永恒不变的。但如果我们设想它的各个部分分布在广大的空间里，在这种情况下，由于系统的各种特性，例如引力等，会无限扩散——假设没有任何因素来限制这些作用的空间的话——各个部分的形状将保持不变，并将承受同样的力的作用，它们将会按照先前一样的方式重新组织起来，在空间中的某个点和时间中的某个时刻，重新形成一个弹性物体。

4. 然而假如我们设想系统 A 存在于宇宙中，情况就会有所不同。在宇宙中会产生同样的必然结果，但我们不可能断然确定是哪些原因造成了这样的效应，因为在宇宙这样的系统或弹性物体中，原因都是错综复杂的，它们的数量如此之大，以至于我们无法得知特定的系统或弹性物体的原始状况，也无法得知它们将要演变成什么样子。我们不必断言引力在实体中构成了被我们观察到的硬度和弹性，但是，只要物质有引力这种特性，就足以单独在真空中构成硬度和弹性，并导致物质的稀释、加密以及其他由此引起的现象，这一点难道不是明显的事实吗？在特定的系统或弹性物体中，无穷无尽的具体原因改变了最初的原因，使得各种现象的数量不断变化，但是，为什么引力就不是我们的一般系统中的这些现象的第一起因呢？一个被折叠起来的弹性物体发生断裂，这种情况只有在下列条件下才会发生，即那个使该物体的不同部分向一个方向弯曲的原因又随即使它们向相反的方向猛烈反弹，以至于各部分之间的相互引力已经不足以维系这个物体。同样，一个受到碰撞的弹性物体也只有在一个条件下才会爆裂，即物体中若干发生振动的分子在震颤开始时就远离了它们起初分布其中的那些不动的点，以至于它们之间的相互引力不再具有明显的作用。再进一步看，如果碰撞力足够猛烈，振动的分子们的移动超出了允许它们保持显著的相互引力的空间范围，那这个物体就会完全粉碎。然而，在一个物体所能经受的最强的撞击，和相反只引起最轻微的振动的冲撞之间，还有某种或者现实存在，或者只是知性设想的中间状态，在这种状态下，组成物体的元素分崩离析，不再互相接触，但它们组成的系统并未被摧毁，相互间的作用机制也并未停止。至于同样的法则如何适用于物质的加密、稀释过程，我们就不再分析，留待读者们去费心思索。我们在此只想再指明一点：在有或者没有碰撞这两种情况下，运动的传递是不同的。如果没有碰撞，物体的位移将表现为所有组成部分同时移动，无论通过这种方式传递过来的运动的量有多大——哪怕大至无限——物体也不会被摧毁；但是，物体一旦遭遇碰撞，其中某些部分由此发生振动而另一些部分却保持静止，那么最初的振幅会大到让振动部分无法复位，也不能再维持系统的协调机制的地步。

　　5. 上文所论述的道理只适用于简单的弹性物体或者符合以下条件的系统：组成这些系统的微粒都是同样的物质，它们形状相同，受同样大小的力作用，并且这些力也依据同样的引力法则。但假如这些特征都是可变的，就会引出无穷无尽的混合性的弹性物体。我所说的"混合性的弹性物体"是指由两个或更多由物质不同、形状有别、受到不同量的作用力——这些力所依据的还是不同的引力法则——影响的系统所构成的大系统；在此大系统中，微粒之间相互作用依据的是一种公共的法则，它可以被视为微粒间彼此作用的产物。如果我们通过某些方式，把那些由协调一致的复合物质组成的微粒全部驱除，由此重新简化这合成的系统；或者，通过引入一种新的物质——新物质的微粒能够与原系统的微粒协调一致并改变已有的公共法则——使系统进一步合成化；那么，物体的硬度、弹性、可压缩性、稀释性，以及其他在合成的大系统中依赖微粒之间新型的协调机制的特性，就会相应地增加或者减少。以铅为例，它几乎没有硬度和弹性，如果我们尝试熔解铅，也就是说在铅的分子组成的系统和能够熔解铅的空气、火等等的分子所组成的系统之间建立协调的关系，那么铅的硬度将会进一步下降，而它的弹性却会提高。

6. 把上述观念应用到不可尽数的其他类似现象上去，看来是不难做到的。当一个系统的组成部分与另一个系统的部分产生协调关系时，它们有可能把另一个由协调的成分组成的系统驱除出去，从而简化这一系统，这一现象在某些化学作用中发生过；对我们而言，最困难的一点就在于发现这种现象的具体机制。如果仅仅援引服从不同法则的引力的异质性，似乎还不足以解释这一现象，而且要承认各种特性的相斥性也是不容易的。我们现在来看一看为什么我们不需要这样的假设。假定有一个系统 A，它由系统 B 和系统 C 组成，构成它们的分子是依照某种共同的法则相互协调的。现在，如果我们在系统 A 中引入一个系统 D，那么会出现下列两种情形当中的一种：或者，系统 D 的微粒能够与系统 A 的组成部分相协调，也没有碰撞产生，在这种情况下，系统 A 将由 B、C、D 三个子系统组成；或者，系统 D 的微粒与系统 A 的微粒之间的协调伴随着碰撞。如果碰撞之下，受冲击的微粒在它们的初次振动中并不逃逸出它们彼此引力的无限小的作用范围，那么，在初试时刻，的确会有扰动或无数微小的振动，但这扰乱会很快停止，微粒们会协调起来，其结果是，系统 A 仍将由系统 B、C、D 组成。如果系统 B 或系统 C 的组成部分或者二者共同在协调的初始时刻受到系统 D 的冲击，并且逸出了彼此引力的牵制范围，它们就会脱离系统的协调，不再回位，在这种情况下，系统 A 要么将由系统 B 和 D，或者系统 C 和 D 组成，要么将只剩下由系统 D 的协调过的微粒组成的单一系统。根据这些假设的可能性的实际发生情形，上述观念的可信度或者将得到极大的加强，或者将被彻底摧毁。此外还要说明一点，我的论证的出发点是受碰撞的弹性物体的振动。当协调机制存在的时候，分离不可能是自发的，但如果系统中仅仅只有组合，那么自发的分离就是完全可能的了。即使在异质的整体中，协调也是统一性原则的一种形式。

三十七

第六组假设

如果我们不去尝试更严格地模仿自然，技艺的产品将是凡俗、不完美和贫弱的。自然在它的行动中总是表现出执着和迟缓。无论是要拒斥、拉近、联合、分离、软化、夯实、淬炼、融化、分解还是同化，自然总是以最难以觉察的脚步向它的目标走去。而技艺却截然相反，它总是步履匆匆，气喘吁吁，时作时辍。自然用多少世纪才能孕育出粗糙的金属，技艺却想只用一天就让它们熠熠生辉；自然用多少世纪才形成宝石，技艺却想转瞬之间就献上它们的仿制品。仅仅拥有正确的方法是从来不够的，重要的是要懂得如何去运用它。如果有人认为，只要行为的强度和时间的乘积是个恒定的值，暴风骤雨与和风细雨也无甚区别，那他就大错特错了。只有渐进、缓慢和持续的工作能改变世界，其他一切方式只能把事物引向毁灭。现在，从某些元素的混合中，我们只能得到粗鄙的化合物，但如果我们像自然一样从容行事，那又有什么精华是提炼不出来的呢？可惜我们过于急迫地想要获取，恨不得早上播种晚上就收获，由此我们做下了多少徒劳无益的蠢事，有多少金钱和劳苦付诸东流，又错过了多少自然明明已经向我们远远地启示，却因为技艺急切贪功而不屑一顾的奥妙。拜访过阿尔西岩洞群^①的游客里，有谁不被钟乳石形成的过程所震撼呢？不管多么缓慢，我们相信这些岩洞终有一日会被填满，形成一个巨大的实体。世上又哪里有这样的自然学家，他思索过水滴石穿的现象，却不相信如果让水穿透土壤和岩石，凝结在广阔的山洞里，假以时日，定会形成方解石、大理石和其他宝石的矿藏，而且这些矿物的品质还会随着土壤、水质和岩石的成分而改变呢？然而，纵然有这样的眼光，倘若不肯付出勇气、耐心、劳作、金钱和时间，尤其是，如果不能像古人一样投身于伟大的事业，而只能像我们现代人一样，冷冰冰地、徒劳地赞叹那些古代丰碑的遗迹，那又有什么用呢？

三十八

第七组假设

我们曾多次尝试把我们的铁锻炼成钢，让它的品质能够与英国和德国的钢相提并论，好用来制作最精密的器具，但这些尝试全都失败了。我不清楚采取过哪些方法，但印象里工匠们之所以有这么一项重要的发现，是因为模仿、改进了铁匠铺里

———————————

① 位于法国约讷省，人们曾在洞中发现许多史前动物的骨骼。

最普通的一道工序，它被称作装箱淬火法。这种方法要求选取硬度最高的炭黑，将其细细捣碎，用尿液搅拌，再加上蒜末、破鞋和粗盐。接下来准备一个铁箱，在其底部铺上准备好的这些混合物，再在上面铺上一层铁器碎片，碎片上再铺一层混合物，如此周而复始，直到装满整个铁箱。然后合上箱盖，在铁箱的外部仔细涂上细黏土、废毛和马粪的混合物，再把箱子放到一堆煤的中心，煤堆的体积要和箱子匹配。点燃煤堆，让火保持燃烧，同时再准备一桶清水。等火烧上三四个钟头，把箱子取下来，打开它，把里面的各种碎片倾倒进水里并随时搅拌。通过这种方式，这些碎片便经过了"装箱淬炼"。如果我们找几块炼过的铁器并把它们再度打碎，会发现其表面已经转化成极硬的钢，并且外面薄薄的一层上布满细小的颗粒。这层表面看上去富有光泽，不管用锉刀把它加工成什么样子，都能稳定地保持形状。假如我们在装箱淬火的过程中，保持这种层层铺垫煅烧的方法，也继续使用相应的配料，但把作为原料的铁器碎片改为经过精心选择和加工打磨的薄铁皮或者足够细的铁棍，并且在它们被撤离炉火后，立刻将其放进专为这道工序设置的水流，那么炼出钢来不是顺理成章的事情吗？如果我们再谨慎一些，把最初的实验托付给一些长期使用铁器，既了解铁的特性，也思考过如何改进它的弱点，能进一步简化工序和找到最适宜的材料的匠人，那成功地炼出钢来就更有把握了。

三十九

现如今在公开课堂上讲授的实验物理学，能够引发一种哲学的狂热吗？对此我毫不相信。我们教实验课程的先生们好像对此心满意足，感觉自己奉献出了一顿盛宴，因为台前好歹宾客满堂。所以，重要的是激起食客们的欲望，以便让那些为饱口腹之欲而来此的人，从学生的状态转换到爱好者的心态，再从爱好者变成职业的哲学家。那些和科学的进步不相容的保留，离公众人物越远越好！要揭示一切，包括事物本身以及方法。那些首先发现新的计算方法的人在我眼中是伟大的，他们的伟大在于其发现本身，可他们在把发现转化为神奇方面就乏善可陈了！假如牛顿能早些开口，就像关心他的光荣和真理本身的人所希望的那样，也就轮不到莱布尼茨来分享他作为微积分创立者的声名。① 这位德国人满心想着要发明一个工具，而那位英国人却一心要凭借对微积分的不可思议的运用来打动学者们。在数学和物理学上面，最要紧的是向公众出示自己的头衔，早早占下这一方领地。话说回来，我要求公开研究方法，指的是那些业已被证实为成功之道的方法，如果一个方法没有成功作为担保，那不管对它是多么缄默，也不嫌过分的。

----

① 欧洲人关于牛顿和莱布尼茨谁更早发明了微积分的争论由来已久，狄德罗倾向于把这一荣耀留给牛顿。

四十

　　光公开也还是不够的，必须保证彻底地、清晰地公开。有一种晦涩的文风，我们且称之为大师的故作高深，这是一幅有些人刻意要竖在大众和自然之间的帷幔。如果不为贤者讳的话，我可以说这种晦涩统治了施塔尔[①]的某些著作，也统治了牛顿的《数学原理》。这些书本来只需要被人们读懂，读者就能了解它们应有的价值；而且，费不了作者一个月的工夫就可以把书写得晓畅易读，如果作者这样做了，就可以为一千个聪明的头脑每人省下三年绞尽脑汁的辛苦，天知道这样损失的三千年光阴本可以用在多少好事上。让我们行动起来吧，让哲学更通俗些。如果我们希望哲学家继续前行，就该让大众更靠近他们所在的地方。也许有人会说，总有一些著作，是理应处于常人的头脑能够企及的范围之外的；如果他们这样宣称，那正好说明他们对良好的方法和持之以恒的习惯的益处一无所知。

　　倘若有些作者可以拥有文风晦涩的特权——哪怕这样说会让人指责我为自己开脱——我会说，只有真正的形而上学家才可以。高度的抽象总是只包含模糊的微光，概括的行为则会把一切感性的特征从概念中剥离。随着思辨进程的深入，肉体凡胎的幽灵会销声匿迹，概念会从想象力的领域遁入纯粹知性的

---

① Georg Ernst Stahl（1659—1734），德国医生、化学家。

王国，观念也就变成全然理智性的了。于是，思辨哲学家就仿佛站在山巅俯视大地，四周的群峰无不消失在云雾之中：山下平原上的景象已在他眼前隐去，他的世界中只剩下思想的风景以及对自己之卓然不群的意识——在这个难以企及的高度，又有多少人能够追随他，能够自如地呼吸呢？

四十一

且不说用奥秘再去遮掩自然，自然现有的帷幔难道还不够吗？人的技艺要面临的困难，难道还不多吗？打开富兰克林的著作，翻一翻化学家们的书，你们会发现实验技艺需要多少视角、想象力、敏锐和智谋啊。认真地读一读这些书吧，因为，如果还能在什么地方知道实验经历了怎样千变万化的形式，那就是在这些书里。如果因为天赋的匮乏，你们需要借助技术手段来引领自己，那么请低头看看面前的这份汇总表，它总结了物质迄今为止得到承认的全部性质，在这份表里你们也会看到究竟哪一种性质最适合你们打算付诸实验的那种物质。先确保这种性质的确包含于该物质之中，然后尝试确定它的数量；定量必须永远用同一种量器，每次确保同样数量的物质均匀地加到需要实验的物质上，如此反复不止，直到那种物质的原有性质完全耗尽消失。至于它的存在，只会通过一些隐而不显的方法来得到确认。不过，即便你们无从得知应该怎样去寻找，至少也应了解要寻找的是什么，这毕竟是聊胜于无的进展。最后，有些人，事实一再证明他们什么也不可能发现，或者，他们意识到自己在悄悄觊觎他人的发明，那么，无能感、身不由己的自我哀怜，还有为占有他人荣誉而行的种种伎俩，就都是他们不得不向自己的内心袒露的了——这些人还是离开科学领域比较好，因为他们的活动既对科学无益，又不会给自己带来丝毫荣耀。

四十二

当人们头脑里形成了一个需要通过实验来验证其真伪的思想系统时，不可对它过于执着，也不可轻易地将其抛弃。有时人们缺乏恰当的手段来证明自己的推测，就难免将其判断为错误的东西。可这时候执着的精神比起与它相反的另一个极端来，倒是要恰当得多。实验做得多，即便找不到自己想要的东西，但也可能无心插柳柳成荫。时间用在探究自然上，绝不会白白虚掷。应该根据可靠性的高低来决定自己的投入程度。对那些明显荒诞不经的观念，一次实验就可以把它们否定；看上去更真实的假说，就值得更多的验证；至于那些有希望得出重要发现的思想，则不到筋疲力尽、万不得已，不可放弃。其实人们并不需要聆听上面的这些教条，因为他们会很自然地根据自己关心的程度来决定研究该怎样深入。

四十三

这里涉及的观念系统要想成立，不过是依靠模糊的思想、轻率的猜测和靠不住的相似性，而且老实说，简直是依靠一些空想，热昏了头的人才会轻易把它们当作正经的观点；但即使这样，也不应该抛弃这些系统中的任何一个，除非已经用反证法证明了它的谬误。在纯粹理性的哲学中间，真理往往是错误的极端对立面；同样，在实验哲学中间，产生出我们期待的现象的，不是我们做过的实验，而恰恰是实验的反面。应该主要把注意力放在两个截然对立的点上。因此，在我们的第二组假设中①，在把带电的球体的赤道盖起来而裸露两极之后，应该再反过来，盖上两极，裸露赤道；由于要紧的是在用于做实验的球体和它所模拟的真实的地球之间建立尽可能多的相似性，用什么材料来覆盖两极就绝不是无关宏旨的。也许在这个实验里还应该使用更多的液体，这在技术上是完全可行的，而且还可能产生某种非同寻常的、与人们试图模仿的东西大相径庭的现象。

---

① 狄德罗在这里原指本书一七五三年版中第三十三节中谈到的放电试验，但在后来的版本中，第三十三节的内容被改动了，删去了相关内容，而此处却未曾改动，故而出现了前后不一的情况。

四十四

实验应该重复进行，以确认各种情况下的细节，并让人了解其极限。应该把实验运用于各种不同的对象，让其变得更复杂，用一切可能的方式去重新组合它们。只要实验还是零散而孤立的，彼此缺乏联系并且无法约简，那么，仅凭无法约简这个事实，实验就还得继续做下去。然后，需要专注于实验对象，不停地拷问它，直至能把各种观察到的现象都彻底组合起来，以至于一个结果被确定就能推导出其他的结果：我们要首先简化结果，然后再去简化原因。不过，除非增加实验中结果的数量，才可能反过来简化它们。人们运用各种方法去试图阐明一个原因可能产生多少结果，然而其中最伟大的技艺莫过于懂得区分两种类型的方法：第一种方法，我们可以期待它产生一个新的结果；至于第二种方法，它所产生的结果只不过是换汤不换药的旧货。永无休止地关注结果的各种变化，只会被这些改头换面的把戏弄得心力交瘁，而研究却难有寸进。一切实验，只要不能把规律扩展到新的情形，或者不能用若干例外去限制规律的范围，都是毫无意义的。要了解实验的价值，最直接的办法就是把它视为一个省略三段论中的前提，然后观其后项。倘若其结论和我们已经从另外的实验中了解到的东西全无分别，那这个实验就是无意义的，充其量只是证实了已有的发现。在实验物理学中，几乎没有什么巨著不可以被这简洁的规则简化为短短数页的小书，倒是有无数小书，在这规则的检验下原形毕露，顷刻化作乌有。

四十五

在数学领域中，如果我们考察一条曲线的性质，会发现它们其实是以不同面目呈现出来的同一性质；同样，在自然领域中，一旦实验物理学足够发达，我们也将发现，一切现象，无论它们是重力、弹性、引力还是磁性，都不过是某种统一作用力的不同表现。然而，在可以归结为上述某种原因的各种已知现象中，我们还需要找到多少种中间现象，才能建立起联系，填补上空白，证明它们彼此间的同一性啊！这个序列将是无穷无尽的。或许将有一个中心现象，它辐射出的光不仅能照亮已经被我们掌握的事物，也会覆盖一切将在未来被时间揭示的东西，把它们连接起来组成一个系统。但如果这个作为公共连接点的中心事实上缺失，诸现象就是彼此割裂的，实验物理学的众多新发现即使插入现象的序列，也只能使它们相互接近，却无法把它们完整地统一起来。假如有朝一日，这些新发现竟然最终实现了统一，那么一个连续的、首尾浑然一体的现象的链条就将形成。通过不懈的工作，实验物理学也许将建造起一座迷宫，理性物理学将在里面迷失方向，无休止地转圈；这样的奇观在自然中不是不可能的，正如它的确存在于数学王国中一样：在数学上，我们通过综合或者分析的方法，的确总能发现把一条曲线的根本性质与其最偏离的性质区分开来的那些中间命题。

四十六

有一些现象具有欺骗性，它们初看上去好像是要颠覆某个体系，可一旦被深入了解之后，它们却反过来证实了这个体系。此类现象成了哲学家的梦魇，特别是当他们预感到这样令人尴尬的困境是自然强加给他们的，而自然又总是以不可思议的、秘密的诡计逃脱他们的猜测时，就更是如此。但凡一种现象是由若干同谋性的或者相反的原因共同造成的时候，这样的困境必会出现。如果这些原因是同谋性的，那么对人们可能提出的假设来说，需要处理的现象就未免过多；如果原因是彼此相反的，则现象的数量又未免太少。有时数量干脆归零，于是现象消失了，我们却不知道自然那任性的沉默究竟因何而起。我们用不用猜测其中的缘由？可这样的猜测终归是徒劳无功的。重要的是要把各种不同的原因分开，分解由它们引发的后果，把极其复杂的现象还原为简单现象；或者，至少通过某种新的实验来解释原因的复杂性，说明它们之间的协同或对立——然而，这样的操作往往是极为微妙，甚至几乎是无法实现的。于是，体系就变得摇摇欲坠，哲学家们也出现了分歧，有些人继续坚守原先的体系，另一些人则屈从于那似乎证伪了体系的实验；这样一来，人们当然莫衷一是，争论不休，除非天降奇才，或者靠着那比人世的智慧更强大的、永不缺席的莫测命运的安排，矛盾得到清除，某些几乎已被放弃的学说又重新浮出水面。

四十七

应该让实验保持自由的状态，如果只承认实验肯定性的一面而忽视其否定性的结论，则无异于给实验套上了枷锁。对实验者而言，错误并不在于心中存有某些观念，而在于听任自己被这些前见蒙蔽。只有在实验的结果与体系相抵触时，人们才会变得严格、警醒起来；在这种时候，他们会记住一切让现象和自然改变其面目和语言的东西。在相反的情形下，观察者总是宽容有加，他会把各种情形一带而过，也无意去质疑自然，自然无论吐露什么，他一概轻信，绝不会认为自然有什么含混可疑之处，他真配得上人家给他加的这句评语："你的工作是探究自然的秘密，可是你让自然撒谎，要不，就是你畏惧让自然作出解释。"

四十八

人在歧路上，走得越快，迷失得就越深。如果在错误的路上已经行进得太远，有什么办法能回到正轨上来呢？力竭的人没法再走回头路；虚荣心也在不知不觉间阻碍着他回头；由于固执于他的原则，他周围的一切都笼罩在幻影里，一切都变了形。他不再按照事物本来所是的样子去看待它们，倒把它们看成他心目中万物应该具有的样子。他也不肯按照存在的本相去修正概念，而似乎一心要削足适履，把存在照他的想法去塑造。在一切哲学家里，再没有谁比"方法家"们更深地陷入这种狂热了。① 一旦方法家把人放到他的体系中，置于四脚兽类的首位，在他的眼里，人的天性从此也就的的确确止于一只四脚兽了。人徒有最高的理性，抗拒着动物这个称号，他的身体构造和四脚兽也大不相同，可这又有何用？自然让人的目光朝向苍穹，可这又有何用，既然体系的偏见强迫人的身躯折向地面？照这偏见看来，所谓理性，不过是完善一些的本能；偏见也认真地相信，当人竟然要把双手当作两只脚，学其他四脚兽爬行的时候，这手之所以失去了脚的功能，只是因为它们久已不用。

四十九

　　可是有些方法家的诡辩实在过于奇特，不能不拿出来公示

---

① 狄德罗讥讽了当时在自然科学中流行的对生物进行机械性分类的做法。在布封和林奈之间，他更赞成布封，尽管后者也坚持物种本质不变的主张。在某种意义上，狄德罗预言了下一个世纪达尔文的学说。

以明辨是非。照林奈①在《瑞典动物志》序言里的说法，人不是石头，也不是植物，所以他明明就是动物。他不是独脚的，所以并非蠕虫；他也不是昆虫，因为没有触角；他没有鳍，所以不是鱼；他也不是鸟，因为没有羽毛。那么人到底是什么呢？他长着四脚兽的嘴。他有四条腿，前面的两条供他触摸，后面的两条用来走路。所以他的确是一种四脚兽。"不错，"方法家接着说，"根据我的自然史的原则，我是从来没有办法把人和猴子区别开来的，因为有些猴子身上的毛比有些人身上的还少，这些猴子用两只脚走路，它们用起手脚来，和人也没有不同。再说，会说话对我来说没有区别性的意义；根据我的方法，我只承认那些和数目、形状、比例和位置有关的特征。"对这番话，逻辑会说："所以你的方法是错误的。"而博物学家则会回答："所以人是四只脚的动物。"

五十

　　要想动摇一个假设，有时只需要把它推到它能够抵达的最极端之处。那位埃朗根学院的鲍曼博士提出的假设，正好可以拿来让我们验证这一点；这位博士的著作充满了奇特的新观念，足以让我们的哲学家头痛不已。他的假说的对象，涵盖了

① Carl von Linné（1707—1778），瑞典博物学家，现代生物分类学的奠基者。

人类知性所能企及的最大范围，即自然的大全体系。这位作者首先简略罗列了其前辈的意见，指出他们提出的各项原则不足以对现象世界进行普遍的解释。有些人只提出广延和运动，另一些人则认为还应在广延之外加上不可穿透性、流动性和惯性。早先，对天体的观察，或者更广泛地说关于宏观物体的物理学，已经指出必然存在一种驱使各个物体按照某种规律扩张或相互趋近的力；并且人们也已经确认引力与质量成正比，而与距离的平方成反比。即便是最简单的化学实验，或者关于微观物体的最基础的物理学，它们所援引的却是遵循各种其他规律的引力；由于无法用引力、惯性、流动性、不可穿透性、运动、物质或广延这些概念来解释一株植物或一只动物的形成，所以哲学家鲍曼提出，在自然中还存在着其他的属性。鲍曼对以下一些假设感到不满：首先是可塑性，人们认为正是靠了它，在没有物质也没有智力的前提下自然的各种奇迹得以实现；其次是次要的智力实体，它们以一种无法理解的方式作用于物质；接下来是实体的创造和形成的同时性，根据这个原则，相互包容的实体是靠了第一奇迹的延续性，在时间中继续发展；最后是实体产生的即时性——实体的产生，是在时间绵延中的每一个瞬间反复出现的奇迹的组合。由于有了上述这些不满，鲍曼认为，这些缺乏哲学价值的体系本来是不会出现的，它们之所以大行其道，是因为人们毫无根据地担心一些众所周知的特性会被归结为这样一个存在，尽管这个存在的本质不为我们所知，但或许正因如此，即使我们对之抱有偏见，这个存在倒是和那些众所周知的特性高度相容。然而这个存在究竟是什么呢，上面所说的特性又是指什么呢？我是否需要说明白？鲍曼博士对此回答说："不错。"这个存在就是有形的存在，而那些特性指的就是欲望、厌恶、记忆和智力，简言之，指的就是我们承认动物身上也具有的东西，古人称之为有感觉的灵魂;[1] 而鲍曼博士也承认，这些特性保持着自己形状和质量的比例，贯穿于从最小的分子到最大的动物的一切存在物之中。假如承认物质的分子具有某种程度的智力是一件有风险的事，那么，认为一只大象或一只猴子具有智力，与把智力赋予一颗砂砾比起来，风险并没有什么不同。在这里，这位埃朗根学院的哲学家用尽一切办法，努力要洗清人们对他的无神论色彩的怀疑。很明显，他之所以热忱地捍卫自己提出的假说，仅仅是因为在他看来，这个假说可以适用于哪怕最难以理解的现象，而又不必为此冒堕入唯物主义的风险。只有阅读他的著作，才能明白如何在最大胆的哲学思想和对宗教的最高的尊崇之间进行协调。鲍曼博士说，上帝创造了世界，而只要有此可能，我们的责任就是去发现在上帝的意志中这个世界能够赖以保持自身的法则，以及他所运用的让万物繁衍的方法。在这个领域中我们有自己的自由，我们大可提出自己的思想，而鲍曼

---

[1] 希腊人和古罗马人都有此说法，见亚里士多德和盖伦医生（Claudius Galenus, 129—199）等人著述。

博士的主要思想就如下文所列：

生殖元素出自身体的某个部位，而同样具有感知力和思考力的动物也有与之相似的部位；生殖元素记得最初的情景，种族的维系、个体与父母的近似，都源自这种记忆。

精液中可能过多包含或者缺少某种元素，这些元素可能因为缺失而无法有效地聚合，也可能在多余的元素之间发生奇怪的聚合；由此，或者导致生殖的失败，或者产生各种反常的、畸形的生殖。

很有可能，某些元素将不可思议地趋向以相同的方式，经常性地聚集在一起；如果它们彼此不同，就会产生无穷无尽的微小动物；如果它们彼此相似，就会产生水螅之类，我们可将之比作一群无限小的蜂，它们只对某个暂时的情境有记忆，因此就会照着这个最熟悉的情境聚集起来，并且一直保持这种聚集。

当关于眼下情境的记忆中和或者驱散了对过去情境的记忆，以至于对各种情境都已经无动于衷，生殖将无法进行，骡子无法繁殖就是因为这个原因。

有谁会禁止某些基本的、有智力并且有感知力的成分，从构成物种的那个秩序中无限地脱离开去呢？由此，就会有无限多的动物物种出自那最初的动物，就会有无限多样的存在出自那初始的存在；自然中的创始行为终归只有一个。

但在积累和组合的过程里，每个元素会丢失它那一点点感受和知觉吗？绝不会，鲍曼博士如是说。这些性质在它是本质性的。那么究竟会发生什么呢？会像这样：从这些被聚集、被组合的元素的感知里，将会产生那唯一的、与元素的质量和构成成比例的感知；在这感知的系统里，每个单一的元素都将失去它的自我记忆，它将与别的元素协调起来，共同构成一个关于整全的意识，这个感知系统就是动物的灵魂。似乎从这聚集起来的元素的感知中，能够出现一个比个别元素的感知更强有力、更完善的感知，它与个别元素的感知的关系，正如同系统与元素的关系。每个元素，在它与其他元素的聚合中，在它与其他元素的感知的混合中，失去了它的自我意识，我们失去了诸元素对其本源状态的记忆，而我们自己的本源对我们也不再透明了。

　　正是在这里，让我们感到惊讶的是，作者或者未曾察觉到他的假说的可怕后果，或者，即便对这种后果有所体察，他也未曾放弃这种假说。现在应该用我们的方法来检验他的原则了。我要问他，宇宙，或者说一切有感知和思维的分子的集合，究竟能不能构成一个整体。假若他的回答是无法构成一个整体，那么他就顷刻间推翻了上帝的存在，因为他把无秩序引入到了自然当中；同时，他这么说也就摧毁了哲学的基础，因为连接一切存在的纽带被他剪断了。如果他承认宇宙是一个整体，其中各个元素有秩序地排列着，就像现实中和思维中分门别类的不同部分在一个元素或在一个动物的诸组成元素中有秩序地排列一样，他就应该进一步承认，由于有了这样的普遍交合，世界就像一个巨大的动物一样，也有它的灵魂；他也得承认，既然世界可能是无限的，那么世界的灵魂即便不一定已经是，但至少可能是一个无限的感知系统，这个世界可能就是上帝。不管他如何抗议这样的推论，它们都是站得住脚的；也不管他的卓越观点在自然的深渊上投下怎样的光照，这些观念也仍不失令人心悸。只要把这些结论普遍化，就不难意识到这一点。对形而上学家的假说而言，普遍化，就好比观察和重复试验之于物理学家的假说一样。要如何判断物理学家的假说是否成立呢？做的实验越多，假说也就越能得到证实。要如何判断形而上学家的假说是否为真呢？它能被推广得越远，覆盖的真理越多，就越能获得确定性和力量。反之，如果物理学家和形而上学家的假说都是脆弱的、无根据的，则我们要么会发现相反的事实，要么会得到一个真理，让这些假说在上面破产。鲍曼博士的假说或许可以用来说明自然中最难解的一个奥秘，即动物——或者广而言之一切有机体——的形成，而现象的集合与上帝的存在就是它将要遭遇的暗礁。然而，尽管我们抛弃了埃朗根学院的博士的诸多观点，但如果我们不把它们视为一种深刻的思考、一个解释自然普遍体系的大胆尝试和一位真正伟大的哲学家的努力，那么，我们也仍然没有理解他试图阐释的现象的晦暗性、他的假说的丰富性，以及可以从中引出的各种非凡的结论，我们也无法认识到，就一切时代的第一流人物无不殚精竭虑进行思考的问题提出新的假说，这是何等卓越的贡献，而要成功地驳斥这样的假说，又是何等艰难！

五十一

论感觉的冲动

如果鲍曼博士把他的体系限定在正确的边界内，将其观点仅仅应用于动物的形成而非扩展到灵魂的本性——在这个问题上，我已经针对他指出，他的观点可以一直推论到上帝的存在上去——他就不至于通过将欲望、厌恶、情感和思想归于有机分子的方式，陷入那种最具诱惑力的唯物主义。应该满足于把感知设定为这样的程度，最接近于无生命的物质的愚钝的动物，从全能的上帝那里获得的感知，也比它要强一千倍。由于这种感知是如此迟钝衰弱，由于形状各不相同，一个有机分子就只有唯一的、最适合它的情形需要它去自发地、不停地寻找，这就好像睡眠状态下的动物，其一切感官和机能都停止了运行，但它仍会不停地躁动，直到它找到最适合休息的那种状态。这个原理或许足以用最简单、最无危险性的方式，成功解释鲍曼博士试图说明的那些现象，也成功地解释那些让我们的昆虫观察者惊讶不已的无数奇事；在这个前提下，他甚至可以给动物下一个一般性的定义：有机分子的感觉冲动近似于创造一切物质的创世者赋予它们的那种迟钝衰弱的触觉，这使得它们组合起来，直到每个分子都遇到最适合它们的形状、最适宜它们休息的那种状态，这些各不相同的有机分子所组成的系统就是动物。

五十二

仪器与度量

我们已经认识到，由于感官是我们一切知识的来源，因此弄清楚我们在多大程度上可以依靠感知的明证是十分重要的。在此我们还要再指出，对我们的感知的补充——也就是——仪器的考察，也是同样要紧的。仪器是新的实验方式，是持续、辛劳而艰难的观察过程的另一源泉。或许有一种方式可以简化工作，即对理性哲学的过度认真掩耳不闻（因为理性哲学常常是过度认真，一丝不苟的），并且在涉及一切数量问题时，搞清楚在什么程度上必须精确地进行度量。我们在度量时花费了多少技巧、工作和时间啊，它们本来可以用在别的方面以促进发见新知的。

五十三

在仪器的发明和改善中，无论怎样要求物理学家谨慎行事，都是不过分的。他应对类比关系保持警惕，不应以多推少，也不应反其道而行之，还应该对自己使用的物质的物理特性详加考察。如果在这些事情上面疏忽大意，他将永远不能获得成功。即使他小心地做了所有该他做的事，以下的情形又有多少次会免于发生呢：只要有一个小小的障碍他没有预见到，或者被他轻视，这个小问题就会成为自然的限制，甚至在他自以为大功告成的时候，迫使他放弃自己的著作。

五十四

论分辨对象

由于精神不可能理解一切，想象力无法预见一切，感官无法观察到一切，记忆也不能存留一切，由于伟人总是不世出的英才，由于科学的进展总是被革命中断，以至于几个世纪的学术都要用于重拾过往岁月的遗珍，因此不加分辨地观察一切，倒是有违人性的做法了。非常之人，由于他们的才能禀赋，在时间的利用上应该尊重他们自己和后辈。如果我们这代人只能给后世留下一份完整的昆虫学研究，一份厚厚的微小动物的历史，那么后人当如何看待我们呢？有大才的人就应该考虑大问题，把小问题留给庸才。后者忙于处理小问题，也好过碌碌无为。

五十五

论障碍

由于单纯欲求一物总是不够的，还应同时考虑到所有与被欲求之物密不可分的事物，因此所有决意献身于哲学研究的人，就不会仅仅遭遇内在于他的对象本性的物理性的障碍，也会碰触到众多道德上的困难，就像他所有哲学上的前辈们所遭遇的那样。因此，当遇到阻碍、误解、诽谤、连累和攻击时，他应当对自己说："难道只有在我的时代，只针对我，才有这么多充满无知和怨恨的人，这么多被妒忌撕咬的魂灵，以及这么多被迷信搅乱了的头脑吗？"如果说有时他觉得需要抱怨自己的同胞，那他又应该对自己说："我抱怨我的同胞们，但如果有机会询问他们所有的人，是愿意做《新传道书》① 和《致一位美洲人的信》② 的作者，还是愿意做孟德斯鸠和布封，那么会不会有一个人，脑子还算清明，在面临选择时有所权衡呢？我相信自己有一天会得到一片掌声，鼓掌的人不多，却是我唯一看重的，如果我足够幸运，配得上这些掌声的话。"

而你们，顶着哲学家或者智者贤人的头衔，却好似那些挥

---

① *Les nouvelles ecclésiastiques*，创办于一七二八年，其宗旨是针对罗马教廷和法国王权的压制和迫害捍卫扬森教派，一七四九年十月，这份刊物登载了两篇文章，强烈攻击了孟德斯鸠，并引发了孟德斯鸠的回击。

② *Lettres à un Amériquain*，作者是一位名叫勒拉尔热·德·利尼亚克（Lelarge de Lignac）的修道院长，这本小册子不仅在学术上攻击布封，还指控他不信神。

之不去的小虫，在自己短暂的一生中无时无刻不去攻讦别人，不管别人是在劳作还是休息，而你们并不会为此感到羞耻，你们的用心究竟是什么呢？你们这样不死不休地执着，究竟想得到什么呢？当你们把这个民族仅存的名士和卓荦不群的天才都一一加以攻伐，使他们元气丧失殆尽，你们又能做什么来补偿这个民族呢？全人类本来可以获得的成果毁在你们手上，你们能够用什么样的产品来弥补人类的损失呢？……然而无论你们如何毁伤，杜克洛①、达朗贝尔、卢梭，还有伏尔泰、莫佩尔蒂和孟德斯鸠，以及布封和道本顿②的不朽英名，将在我们和我们的后裔中流传；而倘若你们的名字有一天还会被后人记起，那他定会说："这些人迫害了他们时代里第一流的人物，我们今天还有幸看到《百科全书》的序言，读到《路易十四时代的历史》《论法的精神》和《博物志》，那不过是因为这些宵小之辈的权术还无法把这些著作从我们手中夺去罢了。"

五十六

论原因

如果仅仅诉诸哲学徒劳无功的假设和我们理性的微弱之

---

① Charles Pinot Duclos（1704—1772），法国作家、历史学家，《百科全书》的作者之一，法兰西学士院院士。
② Edme-Louis Daubenton（1730—1785），法国博物学家。

光，我们或许会认为原因的链条没有开端，结果的链条也没有终结。假设有一个分子发生了移动，它的移动当然不是出于它自身的缘故，而定当另有其因，这个原因又有它自身的原因，以此类推永无休止，于是我们将难以确定在先于我们的时间序列中，原因之链的自然界限究竟何在；假设有一个分子发生了移动，它的移动当然也会有其后果，而此后果又当是另一后果的起因，以此类推，永无休止，于是我们将难以确定在后于我们的时间序列中，结果之链的自然界限究竟何在。这上可推至最微弱的原因，下可推至最轻微的后果的无穷无尽的因果之链，足以让精神感到震撼，因此后者无法抵御这一假设或其他同类的设定，除非它抱有这样一个偏见：在我们感知的范围之外，无事发生；在我们的视线停止之处，万物同归于无。然而，自然的观察者和自然的阐释者之间的一个主要区分，就是阐释者总是从感官和仪器抛弃观察者的地方重新起步前行：他可以从事物现有的样子，推断出它应该所是的样子，他从事物的秩序中提炼出抽象而普遍的结论，对他来说，这些结论的确切程度丝毫不亚于那些具体的、可感的真理。阐释者把自己提升到秩序的本质所在的高度，在他眼中，感性的和有思想的存在与有限的因果之链之间单纯的、纯粹的共存，不足以让他得到绝对的结论。他止步于此，只要他再多走一步，就会超出自然的范围以外。

论目的因

我们是何许人，竟能谈论自然的目的呢？难道我们就不会发现，我们貌似宣扬自然的智慧，却总是以损毁它的权能为代价，我们能许给自然的东西，还不如我们从中剥夺的多吗？此类阐释自然的方式再糟糕不过了，即使在自然神学方面也是如此。它用人的猜测替代了上帝的杰作，又把神学真理中最重要的一面交付给假说莫测的命运。然而即使最平常的现象也足以显示，对这些原因的探究是如何背离了真正的科学。假设有一位物理学家，人们问他乳汁是什么，他回答说这是雌性动物怀孕之后准备的食物，自然教她（它）用乳汁来养育即将出生的幼崽，这样的定义是否能让我明白乳汁是怎么形成的呢？事实上，我知道有些男人的乳房也能分泌乳汁；上腹部和乳房动脉的吻合也让我明白，是乳汁的分泌导致乳房充盈，而女孩子们在月事接近时也会为此感到不适；我还知道几乎所有的女孩，只要有人吮吸她们的胸脯，就能成为乳母；我甚至还见过一只雌性动物，它体型甚小，几乎没有同类的雄性能够和它相配，它既没有经过交配，更未曾怀孕，可它的乳房被乳汁充满，以至于需要采取通常的办法来缓解——鉴于这么多的事实，我该如何理解乳汁那所谓被自然赋予的目的，以及其他与之相关的各种生理学观念呢？有些解剖学家严肃地宣称，我们身上那些本来大可坦诚示人的部位，现在在自然的驱使下也被遮盖了起来，这完全要归结为自然具有廉耻之心；这种看法，难道不荒唐可笑吗？还有另外一些解剖学家，他们为人体遮羞之物设定的用途倒不是为了颂扬自然的廉耻心，可这么做同样也不能显出他们的高明。物理学家的天职不在道德教化而在知识传递，他必然会抛弃对"原因"的追溯，不去探究自然为什么如此行事，而满足于解释自然如何行事。如何是从存在中提取出来的，而为什么只能来自我们的知性，因此它取决于我们的主观体系，依赖于我们知识的演进。那些自然的目的因的轻率冒失的辩护者们为了赞颂造物主，不惜杜撰了多少荒诞不经的观点、莫名其妙的假说，以及光怪陆离的概念啊！他们不会像先知一样，由衷地赞美上帝，在夜晚看见漫天繁星时赞叹莫名，喊着"诸天诉说神的荣耀"的诗句，只会一味迷信他们自己营造的假说，他们也不会通过自然本身的存在去崇敬造物主的无所不能，只肯匍匐在他们主观想象塑造出来的幻影面前。如果有人不能自拔于他的偏见，不相信我的批评是确实可靠的，那么我建议他把盖伦关于人体诸部位用途的学说与布尔哈夫①的生理学做一番对比，再比较后者与哈勒②的学说；我还邀请后世的读者把哈勒著作中包含的系统化的、同时也是阶段性的观点与未来世代的生理学进行比较。人总是用他小小的识见去赞颂永恒的上帝，而上帝会从他的宝座上俯听，了解到颂扬者的心思，接受他那不得体的、愚蠢的赞颂，对他的虚荣心付之

① Herman Boerhaave（1668—1738），荷兰植物学家、医生、化学家。
② Albrecht von Haller（1708—1777），瑞士医生、博物学家、文学批评家。

一笑。

五十七

论某些偏见

对那些心浮气躁、不求甚解的人来说,无论在自然的事实里还是在生活的情境中,步履所至,无处不是陷阱。对此我可以援引大部分格言警句为证,要知道它们在各个民族那里都被视作常识。比如人们常说,日光之下无新事,在那些仅仅停留在事物粗糙表象的人那里,这句话当然是对的。可是如果遇到那些每天都以体察事物最最微妙的区别为己任的哲学家,他们又会怎样看待这句话呢?如果有人确认在一棵树上绝对看不到两片同样绿的叶子,又当如何呢?如果有人对共同作用、导致某种颜色的特定变体的千万种原因——哪怕这些原因都已经为人所知——都孜孜以求,于是声称(他们相信这么说并没有扭曲夸大莱布尼茨的观点),考虑到物体所处的空间不同,再加上那不可胜数的因素,世上从来没有,也绝不会有两株绿得完全一致的青草;那么,持这种观点的人,他们又会不会赞成那句老话呢?如果万物更替无休无止,无时无刻不处于那些哪怕最不可察觉的微变之中,那么假以时日,永不停步的时间定会在洪荒时代、现在以及遥远的未来的形式中,置入最大的差异;这么看来,日光之下无新事就不过是建立在我们感官的脆弱、仪器的不足和生命的短暂之上的偏见罢了。在道德上，我们喜欢说，人心如脸面，各不相同，可这话应该反过来说才对：脸面的相似并不鲜见，人心的相同倒是罕有之事。在文学上又有这样的说法：趣味不可讨论。如果把这句话理解为不可跟人讨论他的趣味是什么，那就未免幼稚了；或者又有人据此认为趣味无良莠之别，那就更是大错特错了。对这些俗常的智慧凝聚而成的格言，哲学家都会严格地加以检视。

五十八

若干问题

只有一种方式能让存在成为同质性的，而要让存在成为异质性的，则有无数种不同的方式。在我看来，自然中的存在绝不可能是用绝对相同的材料创造出来的，这就好比不可能用唯一的、相同的颜色去再现这些存在一样。我甚至猜测，现象的多样性不会随随便便出自任意一种异质性。为了在总体上产生自然中的大千现象，必须要有各种异质的物质，这些物质我称之为元素；而元素的不同组合在当前实际得到，或者能够得到的普遍结果，我则称之为自然。元素之间必然具有根本性的差异，否则，存在就会是出自某种同质性，因为存在会返回其本源。无论现在、过去还是未来，都有一种自然的或者是人为的组合，在这组合下，一种元素现在、过去或者未来会面临其最大程度的分裂。一旦处于最后的分裂状态，一种元素的分子则因为其绝对的不可分性而难以再次分裂，因为再次分裂违背自然的法则，也超出了人的技艺的范围，它只能在知性上被构想而无法成为现实。对完全异质的物质而言，在任何情况下，由自然或人为原因造成的最后的分裂状态都不相同，因此总会有一些全然不同的分子集结成团，而它们自身却是完全不可再分的。到底有多少全然异质的、基本的物质呢？我们对此一无所知。那些被我们视为绝对异质的或者基本的物质，它们彼此间的基本区分究竟何在呢？我们对此一无所知。在人为造成或自然本身酝酿的环境下，一种基本的物质可以分裂到什么程度？对此我们同样一无所知。类似的无知关涉到许多类似的问题。我把人为因素和自然因素造成的组合放到一起讨论，是因为在我们所不了解、并且永远无法了解的无数事实当中，有一个问题始终对我们是隐藏着的：在过去、现在和未来，由人的技艺造成的基本物质的分裂，会不会比在纯粹自然的组合下走得更远？通过下文提出的第一个问题，我们将会看到我为什么在某些命题中引入过去、现在与未来的概念，以及为什么我在自己给自然下的定义中会引入"时间延续"的观念。

1. 如果诸多现象不是相互联系在一起的，那就没有哲学可言。当然，即便现象彼此联系着，它们中的任何一环可能也仍旧是变动不居的。但是，如果存在的状态永久地处在变易之

71

中，如果自然还在生成的过程里，那么，即使有把现象联系起来的纽带，仍旧没有哲学可言。我们的全部自然科学变得和词语一样不可捉摸。我们所谓的自然史，不过是从这一瞬间出发的残缺不全的历史。于是我会质疑金属的状态是否在过去和未来都像现在这样，植物的面貌是否在过去和未来都像现在这样，动物的特性是否在过去和未来都像现在这样……怀疑论者啊，被你们所怀疑的，并非"世界是被创造出来的"，而是"世界的存在在此刻一如它的往昔和未来"；在深入思考了某些现象之后，人们也许会原谅你们的这个疑问。

2. 在动物界和在植物界一样，个体可以说有出生、发育、延续、衰落和终结，而对全部的物种来说，不也同样如此吗？如果信仰没有告诉我们动物皆出自造物主之手，一如我们现在看到它们的样子，如果我们有权对它们的开端和终结持有一点点的怀疑，那么，那些除了自己的推测之外别无可傍的哲学家，岂不是就可以有如下的猜想：动物从来就有它们的特殊成分，它们散布、混合在物质中；这些成分可以重新聚合起来，因为这种情况是完全可能出现的；由这些元素形成的胚胎经历了无数个组织形式和发展阶段；随着时间的持续，胚胎先后获得了运动能力、感知力、观念、思想、反省、意识、情感、激情、符号、手势、声音、分节的语音、语言、法律、科学以及艺术；在上述这些不同阶段之间，历经了数百万年的历史；未来它也许还有其他的演化要经历，有其他的成长阶段需要承担，我们对此仍然一无所知；它曾经历过或将要经历相对稳定的阶段；由于持续的衰退的作用，它目前或者未来会逐渐脱离稳定期，在此过程中，它将逐渐失去自己的某些功能，就像当初逐渐获得它们一样；总有一日，它会从自然中彻底消失，但更可能以另一种形式继续存在下去，那时它所具有的功能将和我们在此刻这一瞬间观察到的情形大不相同。由于有了宗教，我们得以免入许多歧途，省去了多少辛劳。设想宗教如果在世界起源和普遍的存在体系问题上没有给予我们启示，那我们必将受到诱惑，又会有多少形形色色的假说被我们当作自然的奥秘呢？然而这些假说，由于全部陷入同等的谬误，在我们眼里也就全部显得几乎同等的可信。为何某物存在这个问题，是哲学能够提出的所有问题里最让人烦恼的一个，只有天启的力量才能回答它。

3. 如果我们把目光投向动物和它们脚下的荒野，投向有机分子和它们在其中运动的体液，投向微小的昆虫以及生成它们、环绕它们的物质，那么很明显我们可以得出结论：一般的物质可以分为有生物质和死物质。然而物质为什么不会只有一种，要么全部是有生命的，要么正好相反？有生物质会永远保有生命力吗？死物质会永远地、彻底地与生命无缘吗？有生物质会永远不死吗？死物质会有朝一日获得生命力吗？

4. 在有生物质与死物质之间，除了有机组织，以及千真万确自发的、显性的运动之外，还有什么其他的可以辨明的区别吗？

5. 我们所说的有生物质，难道不就是指能够自发运动起来的物质吗？我们所说的死物质，难道不就是指靠着其他的物质的力量才能运动起来的物质吗？

6. 如果有生物质指能够自发运动的物质，那么除非死亡，它怎么会停止运动呢？

7. 如果同时存在本身就有生命力的物质和本身就死亡的物质，那么这二者是否就足以造成世上所有的形式、所有的现象？

8. 在几何学当中，一个真实的量被加在一个虚拟的量上面，它们合成的结果也将是虚拟的；在自然当中，一个由有生物质构成的分子加在一个由死物质构成的分子上面，它们合成的结果将是活的还是死的呢？

9. 如果二者的合成体可能是活的或者死的，那么什么时候，为了什么，它将是活的？什么时候，为了什么，它将是死的？

10. 无论是生还是死，它总会在某种形式下存在。不论这种形式是什么，它所依据的原理又是什么呢？

11. 模型是这些形式的原理吗？如果是，模型又是什么？是一种真实的、预先存在的东西吗？还是只是一种智力的界限，它界定了与死物质或有生物质相结合的有机分子的能量？或者，这界限由一切方向上的能量与对应的、一切方向上的反作用力之间的关系来决定？如果模型是一种真实的、预先存在的东西，那这个东西又是如何形成的？

12. 活的分子的能量，究竟是依据其自身而变化的，还是依据与它结合的死物质或有生物质的数量、性质以及形式而变化的呢？

13. 有没有这样一些有生物质，它与其他的有生物质不同，有自己特定的性质？抑或所有的有生物质究其根本都是一种，万物由此而出？这些问题也适用于各种死物质。

14. 有生物质是和其他的有生物质相结合吗？这种结合是如何发生的？其后果是什么？这些问题也适用于各种死物质。

15. 如果我们假设所有的物质都是有生的或者死的，那么除了这死物质或有生物质以外，还有没有别的东西存在呢？有生物质在失去生命力之后，难道就不能重新获得它，乃至于再度失去它，并且以此类推以至无限吗？

当我把目光转向人类的工作，当我看见世间处处拔地而起的城市、各种被运用的工具、各种固定下来的语言，还有被教化了的民族、新建的港口、被穿越的大海，以及被丈量过的土地和天空，这时世界在我眼中已经显得古老。当我发现人们对医学和农业的基本原理、最常见的物质的属性，对折磨他们的病痛，以及树木的修剪、耕犁的形状都依旧一知半解的时候，这世界在我眼中仿佛昨日才有人的生气。如果人们足够明智，他们终究会致力研究与自己的福祉有关的事情，而要回答我提出的这些琐碎无聊的问题，最早也要等到千年之后；或许，由于人们总会看到自己占有的空间和时间是如此狭小，他们将永远不会费心去回答这些问题。

补　正

年轻人，我曾经对你讲过，"事物的性质，例如引力等会无限扩散，假设没有任何因素来限制这些作用的空间的话"。有人会在你面前反驳说："我甚至能够讲，这些性质是匀速地扩散的。人们也许还可以补充讲，我们很难设想一种性质如何在没有介质的情况下，远距离地起作用；可是这里并无荒谬之处，事实上也的确没有，但如果声称这种性质是随着距离的不同，在真空中以不同的方式起作用，那就真变成奇谈怪论了。无论在一部分物质的内部还是外部，我们都看不到任何东西能够改变这种性质的作用。笛卡尔和牛顿，所有古代和现代的哲学家们都曾经假设，一个处在真空中的物体，只要受到最小数量的运动的推动，就会沿直线均速地、无限地运动；因此距离就其自身而言，既不是障碍，也不是一种媒介。任何其作用力与距离成反比或正比的特性，都一定会假设真空的反面即实体的存在，或在哲学上假定微粒子的存在。因此对真空的假设和对某种特性的作用的变化的假设，一定是相互矛盾的。"假如真的有人对你提出这些驳难，我建议你到牛顿的信徒那里去寻找答案，因为我承认我不知道他们是如何解决这些难题的。

论 美[*]

龚觅/译

* 又名《对美的起源及本质的哲学研究》（*Recherche philosophique sur l'origine et la nature du beau*），据安德烈·比利所编《狄德罗作品集》（Diderot，*Oeuvres*，Éditions Gallimard，1951）译出。

在进入对美的本原的困难的研究之前，和所有在此问题上有所论述的作者一样，我首先意识到，命运仿佛做出了这样的安排：被人们谈论得最多的东西，往往正是我们对其知之最少的；而美的本质，恰恰就是众多此类事物中的一个。人人都在思考美。我们赞叹自然造化之美，我们在艺术作品中呼唤美，我们随时都在品评事物的美丑。然而，如果有人向那些具有最明确、最高雅精致的审美趣味的人发问，希望他们界定美的起源和本质，说明什么是美的确切的概念、真实的含义和精确的定义，指明美究竟是绝对还是相对的，究竟有没有一种永恒、不变，堪为次一级的美的尺度和范本的美，抑或美类似时尚现象，与时俱变，那么我们会立即发现，大家对这些问题的看法是千差万别的，有些人会坦承自己对其一无所知，另外一些人则会陷入怀疑主义的泥沼。几乎所有的人都会同意，美之为物，的确存在于这个世界；可那些对美有强烈的感受的人，对美的理解又彼此不同，而且极少有人能说清美究竟是什么——这样的矛盾，是怎样产生的呢？

如果上述问题不是无解的，如果我们的确想要寻求它们的答案，那我们首先就需要弄清，对美有过最精彩的论述的那些作者是怎么看待它们的；其次，我们将阐述自己在这个问题上的看法；最后，我们将就人类的知性以及知性在本文所论问题上的作用，给出若干概括性的意见。

柏拉图曾写过两篇与美相关的对话，即《斐德若篇》与《大希庇阿斯篇》。在后面一篇里，他讲的其实是"美不是什么"，而非"美是什么"；而在前一篇中，他讲的更多是人对美的自然的情感，而非美自身。《大希庇阿斯篇》的用意只是要挫败一个自以为是的诡辩家，而在《斐德若篇》里，不过是在一个风光宜人之处与友人度过几段惬意的时光。

圣奥古斯丁也曾写过关于美的专论，但此文已经佚失，因此在这个重要问题上，圣奥古斯丁留下来的只有散见于他其余文字中的几点零星意见。从这些意见来看，他认为构成美的关键因素在于能够组成一个"整体"的各个部分之间的准确关系。这位伟人说，如果我问一个建筑师，为什么在房子的一边明明已经有了柱廊，还要在另一侧再修一根，那他一定会回答我说："这是为了保证建筑的各个部分相互对称。"然而，为什么对称在你眼中是必不可少的呢？"因为对称让人感到愉悦。"

不过你究竟是何许人，凭什么决断什么能让人愉悦，什么不能呢？再说你又从何处得知对称能带给我们愉悦？"对此我非常确定，因为这样的布局端正精确，气度优雅，一句话，因为这样是美的。"很好，不过，请你告诉我，它之所以是美的，是因为它能够带给我们愉悦；还是相反，因为它很美，所以能让人愉悦？"毫无疑问，因为它美，所以让人愉悦。"我的想法和你一样，可我还想问你，为什么它是美的？不过，假如从事你这门艺术的大师们并没有考虑那么多，因此我的问题让你感到为难，那么你至少可以毫不费力地承认，因为你盖的房屋的各个部分彼此相似、格局匀称、相互协调，因此这个房屋的一切元素都得以转化为一个整体，一个符合理性原则的整体。"这正是我想说的。"不错，但请留意，事物并没有什么真正的整体性可言，因为它们无不由不计其数的部分构成，而这些部分又各自包含着无数的更小的单位。由此说来，那个指引你构建自己的蓝图，那个在你的艺术中被视为不可违反的法则，那个你的建筑必须摹仿、否则就难言为美的整体性——同时，由于世间没有任何东西能够完美地成为一个"整体"，因此也不存在能被完美地摹仿的整体性——你究竟能在哪里看到它呢？接下来，我们能得出什么结论呢？难道不应该承认，在我们的心灵之上，有一个原初的、至高无上的、永恒而完美的统一性，它是美的根本尺度，并且是你在艺术实践中一心要追求实现的？有鉴于此，圣奥古斯丁在另一部著作中总结说：在一切类型的美当中，构成它的形式和本质的，可以说正是"统一性"。

沃尔夫先生在其《心理学》^① 一书中说道，有些事物让我们愉悦，有些则让我们不快，正是这种差别把美与丑区分开来，让我们愉悦的就叫作美，让我们不快的就叫作丑。

他接着又说，美蕴藏在完善之中，由于完善自身的价值，具有完善品质的事物能够在我们身上激发起愉悦。

他又进一步区分了两种不同的美，一种是真实的，一种是表面的；所谓真实的美出自真正的完善，而表面的美则来自表面的完善。

很明显，在对美的探索这方面，圣奥古斯丁比沃尔夫这位莱布尼茨派的哲学家要走得远得多。沃尔夫似乎首先声称，一个事物之所以是美的，是因为它自身的的确确就是美的，柏拉图和圣奥古斯丁此前已明确地指出了这一点。接下来，他的确把"完善"引入到美的概念中，但问题是完善又指什么呢？难道"完善"就比"美"更清晰，更容易理解吗？

很多人看问题都是习惯成自然，不假思索也失之简单。按照克鲁萨先生^②的说法，所有可以自诩摆脱了这种作风的人，倘若能潜入自己的内心进行内省观察，既留意正在发生的事

---

① Christian Wolff（1679—1754），德国哲学家、数学家和法学家，他在哲学史上位于莱布尼茨和康德之间，此处狄德罗引用的是他的《心理学》。

② Jean-Pierre de Crousaz（1663—1750），瑞士哲学家、数学家，洛桑大学哲学教授，著有《论美》一书。

情和自己思考的方式，也留意自己在喊出"这是美的"之时所感知到的一切，那么他们就会发现，通过"美"这个术语，他们表达的是对象与某种愉悦的感受或者赞同的观念之间的某种关系，并且他们也都会同意这样的观点：说出"这是美的"，就意味着我感受到了某种我所赞同或者让我愉悦的东西。

我们可以看到，克鲁萨先生的定义并没有道出美的本质，而是指出人在美面前所感受到的效果，这个定义的缺点与沃尔夫先生的定义是一样的。对这一不足，克鲁萨先生自己也意识到了，因此他接下来就具体勾画了美的五个特征，即多样性、统一性、匀称、秩序以及比例。

由此一来，我们也就可以得出结论：要么圣奥古斯丁关于美的定义是不完整的，要么克鲁萨先生的定义有累赘繁琐之嫌。假如统一性的概念并不包括多样性、匀称、秩序和比例的概念，并且假如后面几个概念对美而言是本质性的因素，那么显然圣奥古斯丁就不该省略它们；反之，假如统一性已经把它们包含在内，那么克鲁萨先生再重复列举它们，就是画蛇添足。

关于多样性的具体所指，克鲁萨先生并未给出定义。至于统一性，在他这里似乎是指服从于同一目的的事物各个部分之间的关系；匀称则是位置相似的各部分之间的关系；秩序指各部分之间逐层转移时我们必须加以注意的递降；最后，比例是指在其各个部分中都增加了多样性、匀称和秩序元素的统一性。

我并不会因为这样的定义语焉不详、包含若干不够清晰的东西就指责它；我只想在此指出，这一定义有其特殊的范围，它只适用于建筑，最多再加上其他艺术门类中的大的意义单元，如一份演说、一出戏剧等等，但并不适用于一个词语、一种思想或某个物体中的一个部分。

格拉斯哥大学著名道德哲学教授哈奇森先生[①]建立了一个独特的学说，其要旨在于认为，"什么是美"这个问题，并不比"什么是可见的"更值得我们追问。所谓可见的，是指能够被眼睛感知的东西，而在哈奇森先生看来，美也就是用以审美的内在感官所能把握的东西。所谓审美的内在感官是指这样一种官能，我们能够借此分辨美的事物，正如视觉是我们借以接受色彩和形状之概念的官能一样。这位作者和他的信徒们用各种办法企图证明第六感官的实在性和必然性。他们的论证可列举如下：

第一，他们认为，我们的心灵在感知愉悦和不快时是被动的。我们在和外物接触时，总是有所期望，但事物并不会如我们所期待的一样影响我们：有些对象必然在我们的心灵中造成愉悦的印象，有些则必然会让我们感到不快；我们意志的全部

---

① Francis Hutcheson（1694—1746），英国哲学家，苏格兰启蒙学派的主要奠基者，著有《我们关于美和道德的观念的起源》一书。

力量就在于追求第一种事物而躲避另一类对象。决定我们喜欢某些事物，或者厌弃另一些事物的，是我们本性的构造方式，而这种构造往往是因人而异的。

第二，世上恐怕没有任何事物，既要触动我们的心灵，又不会或多或少引发我们的愉悦或者不快。一个图形、一个建筑或绘画作品、一首乐曲、一个故事情节、一种情感、一种性格、一种表情、一次演说，所有这一切都会在某种程度上让我们快乐或者不快。我们会感觉到，每当念及连同其周遭情境一起、在我们头脑中纷至沓来的那些思绪，愉悦或者不快的情绪就必然会涌现。有时候，此类思绪中并不包含任何我们通常称为感性知觉的东西，但这样的印象依然会产生；而在那些的确来自感官经验的思绪丛中，无论我们在对象里发现的是秩序还是无序，是井井有条还是缺乏对称，是循规蹈矩还是光怪陆离，都会产生与思绪相应的愉悦或者不快；相反，如果把对象的颜色、声音、广延等简单的概念进行孤立的观照，则它们并不能引发愉悦或者不快。

第三，当心灵观照事物的形状或者概念的时候，它会对自己究竟是感到愉悦抑或不快作出决断，而这种决断的特性，在哈奇森先生看来，出于刚刚提到的理由，应该冠以内在感官的名称。进一步看，为了把内在感官和那些同样被如此称呼的身体官能区分开来，我把能够在匀称、秩序与和谐中辨别出美的官能称为美的内在感官；另一方面，能够对有理性和德性的行动主体的感情、行为和性格表达赞同之意的官能，我则称之为善的内在感官。

第四，当心灵观照事物的形状或者概念的时候，它可以对自身感到的究竟是愉悦抑或不快作出决断，这种决断是一切人都具备的，除非此人是心智不全的傻子；既然如此，我们就不必再去追问什么是美，而只需注意这样一个普遍性的事实：所有人身上均有适用于此对象的自然感官，所有人都会一致地在图形中发现美，就像如果他们接近一团烈火，一定会感到疼痛，如果他们饥肠辘辘，一定会感到进食的愉悦一样（尽管他们对食物的口味千差万别）。

第五，自我们一出生，我们的外部感官就开始运作，向我们传递对可感的对象的知觉，或许正是这个缘故，我们觉得这些感官是合乎自然的。然而我所说的内部感官或曰美和善的内部感官则不会一开始就出现在我们的精神世界中。需要经过相当长的时间，孩童才会对事物的比例、相似、对称，以及对人的性格和感情进行思考，或者至少显露思考的痕迹。对能够激发趣味或内在的厌恶的事物，他们的认知也相对较晚。正是出于这些原因，我们认为，被我称为美和善的内部感官的官能，仅仅源自训练和教育。然而不管我们对德行和美有怎样的概念，一件体现美德或善的事物会自然而然地引发我们的赞同或者愉悦，就像菜肴会自然地成为我们食欲的对象一样。这样说来，前一类对象呈现的早与迟又有什么关系呢？即便我们的不同感官成熟的时间有先有后，难道它们就因此不成其为感官和官能了吗？这就好比，即便我们的确需要一定的时间和训练才能让眼睛感知到颜色和形状，并且在我们中间的确找不到两个对物体的感知全然一致的人，难道我们就可以因此认为，可感的视觉对象本身既没有颜色，也没有形状吗？

第六，外物的存在以及它给我们的感觉器官造成的印象，能够在我们的心灵中激发起相应的感知，这就是我们所说的感觉。当两种感知彼此全然不同，除了被我们统称为感觉之外没有其他的共同点，那么我们借以获得这些不同感知的官能就叫作不同的感官。例如，视觉和听觉是两种不同的官能，分别带给我们颜色和声音的观念；但无论不同的声音、不同的颜色彼此之间有怎样的差异，我们都把所有的颜色与同一个感官联系起来，对声音也是如此，这也意味着我们的不同的感知均有各自对应的感觉器官。同样，如果你把上面的结论应用到善和美的领域，会看到它们所遇到的情形是一样的。

第七，赞成内在感官学说的人所说的美，指的是特定的对象在我们的心灵中唤起的观念；而他们所说的美的内在感官则是指我们所拥有的用以接受这种观念的官能。他们注意到，动物也具有与我们的外在感官相似的官能，并且它们的感官有时比我们的更加敏锐，但没有任何迹象显示动物也具有所谓的内在感官。他们进一步论证说，一个生灵可以完整地拥有与我们一致的外部感觉，但它不会留意感觉对象之间的相似性和其他关系；退一步讲，即便它能够觉察到这些相似性和彼此关系，也不可能从中感受到多少愉悦。再说，对形象和颜色的观念本身并不等同于愉悦。有时候，我们既没有感觉也没有考虑到各种比例关系，但愉悦仍有可能出现；相反，在我们极力留心秩序和比例关系的时候，它却有可能缺席。那么，对这个明明白白在我们身上起作用，我们却并不知其所以然的官能，该何以名之呢？回答是内在感官。

第八，内在感官所以得名，其依据在于它所指的官能与其他官能之间的关系，其中最关键的一点是：内在感官带给我们的愉悦不同于对事物本原的认知，后者可以增加或者减少这种愉悦，但它既不是愉悦本身，也不是造成它的原因。内在感官带来的愉悦是必然的，因为即使我们企图从其他的角度去评判某个对象，但关于这个对象究竟是美还是丑的判断对我们来说总是固定不变的。一个让人不快的对象，即便对人有实际的用处，我们也不会认为它是美的；反之，一个美丽的事物，纵然对我们有害，也不会因此变得丑陋。即使你把整个世界作为酬报赠送给我们，再加上最可怕的恐吓，强迫我们颠倒美丑，也绝不能对我们的感知以及我们的内在感官的判断产生任何影响：我们的嘴可以如你所愿进行褒贬，但我们的内在感官绝不会屈服于你的压力。

第九，赞成这一学说的人接着说，由此可见，某些对象似乎本身就可以直接引发美带来的愉悦，并且我们身上具有一个专门的感官去欣赏它；这种愉悦是个体性的，因人而异的，它和功利毫无共同之处。在二者之间，我们宁肯舍利取美，这种情况难道不是经常出现吗？即使在最卑微的环境中，我们不也能见到这种义无反顾的偏好吗？与制造一件能够营利，让人发家致富的劣质品相比，一个诚实的工匠会毅然选择制造精品，只因工艺上的成就能带给自己充分的快乐，至于制造过程会不会让他倾家荡产，并不在他费心考虑之列。

第十，如果我们单纯考虑功利，不在其中掺杂某些特殊情感，例如知性和意志之外的其他官能带来的微妙效果，那么，我们对房屋就只会考虑它的实用性，对花园就只会考虑它的土地是否肥沃，对衣服就只想着它是否舒适合身。然而，这样狭隘的视角是即便孩童和野蛮人也不屑为之的。让万物顺其自然吧，此时，内在感官就会发挥它的作用：也许它会把对象搞错，但即使这样，愉悦本身也同样真实。一种崇尚朴实、敌视奢华的哲学会击碎雕像，扑倒方尖碑，将殿堂化为陋室，让庭院沦为丘墟榛莽，但它也不会因此就感觉不到事物的真实的美，因为内在感官会挺身而出反抗这样的哲学，此时后者只能自夸还有一番草莽英雄的胆气。

哈奇森先生和他的信徒们就是这样努力论证美的内在感官的必然性，但归根到底，他们其实只说明了如下事实：在美给我们带来的愉悦当中，存在着某种神秘的、难以言说的东西；这种愉悦似乎独立于我们对事物间关系及感知的认识；愉悦不涉及对功利的考虑，人一旦受到愉悦的激发，则如何威逼利诱都不能动摇他们的感受。

此外，在有形之物中，这些哲学家们又辨别出绝对的美与相对的美。所谓绝对的美，并非是指某种完全内在于对象的特性，仿佛有了这种特性，对象就可以凭自身的存在成为美的事物，而完全不依赖于观照对象、判断对象的心灵。在这些哲学家看来，"美"这个词与其他指示可感的观念的名词一样，指的是精神的感觉，就像冷和热、甜和苦都是我们的心灵的感知一样，尽管平常人总持有一个偏见，以为在激发这些感知的对象之中，蕴含着与这些感知相似的东西。哲学家们接着又说，如果没有具备了美的感官的心灵介入其中，使美得以彰显，那么我们就无法说清这些对象何以言美。有鉴于此，所谓绝对的美，指的就仅仅是这样一种美：我们认可它存在于某些对象之中，而无需将这些对象与其他外物进行比较，把它们视为其他事物的复制或者临摹。他们又说，这就是我们在自然的创造物或者在某些人工制品的形式中，在某些图形、形体、物之外表中感受到的美。至于他们所说的相对的美，则是指我们在通常被视作其他事物的复制品或影像的对象中所感知到的美。因此，对绝对的美和相对的美进行区分的依据，不在对象本身，而在美带给我们的愉悦感的不同源头之中；因为，绝对的美当中总是蕴含着相对的美，而相对的美里面也常常包含着绝对的美。

论哈奇森及其信徒定义的绝对的美

哈奇森及其信徒们认为，我们已经让人们意识到了一种专门的感官的必然性，这一感官通过愉悦感让我们注意到了美的存在；现在，我们应该看一看对象本身究竟应具有怎样的特性才能激发这一感官。他们补充说，切莫忘记，此处我们所说的特性仅仅是相对人而言的，因为一定有很多事物可以给人带来美感，却会让其他动物感到不快。如果让动物来判断美丑，那么，由于它们的感知器官和人不同，它们会把相应的观念和全然不同的形象联系起来。熊会觉得它的洞穴很舒适，但洞穴于它无所谓美丑；如果熊也有美的内在感官，说不定它也会觉得洞穴是一个美妙惬意的居所。不妨指出，对某个生灵来说，莫大的不幸就在于徒有美的内在器官，却只能在对它有害的对象中发现美。人则何其有幸，有了造化的安排，我们眼中的美的东西通常也是好的东西。

为了揭示人心目中的美的观念究竟是在哪些普遍的契机中发生的，哈奇森的信徒们考察了最简单的对象，例如图形；他们发现，在各种图形中，那些被我们称为美的形体，总是向我们的感官呈现多样性之中的统一。他们确信等边三角形不如四边形美，四边形不如五边形美，而五边形又不如六边形美，以此类推，因为各边长相等的图形，多样性越强，就显得越美，而一个图形拥有可供比较的边的数量越多，多样性也就越强。他们又说，不错，随着边的数量的增加，各边之间以及它们与轮辐线之间的关系也就越难看清，因此，这些图形的美并不必然随边数的增加而提高。他们自己提出了这样的质疑，但并不怎么操心如何回答。他们只是注意到，在七边形或其他边数为奇数的图形中，由于各边之间没有平行线，减少了图形的美；但他们仍始终坚持认为，只要都是正多边形，则正二十边形就比正十二边形美，正十二边形则胜过正八边形，后者自然又胜过四边形。对平面和立体，他们也做了同样的推论。在所有的正多面体中，平面数量最多的立体图形在他们看来是最美的，他们认为随着面数的减少，美也会逐次降低，直至最简单的正锥体。

不过，如果他们认为在正多边形中，边数最多的是最美的，那么反过来说，在边数相当的图形中，最美的也就应该是边长最一致的：因此，等边三角形甚至等腰三角形就比不等边三角形美，正方形比斜方形或菱形美。同样的道理也适用于正多面体；广而论之，还适用于所有具有相当一致性的立体图形，如圆柱体、棱柱体、四面柱体等等。我们应该赞同他们的意见，承认这样的立体一定比那些粗糙的、既缺乏均衡也没有对称和统一的立体图形更加悦目。

为了获得均衡性和多样性之间关系的复合比例，他们把圆形、球形与椭圆形和多少具有离心度的扁球体进行了比较，然后他们得出结论说，后面两种形体的多样性弥补了它们所缺乏的、前面两种形体才具备的完美的均衡性，因此它们的美几乎是相等的。

在他们看来，自然界的美也有相同的基础。他们说，无论你仰望苍穹，搜检天体的形状、运行轨迹和外貌，还是低头俯察大地，研究原野上的植被、鲜花的色彩、动物的结构、它们的种类、运动和身体各部分的比例，以及它们的身体构造与生存状态之间的关系；抑或你升到空中，观察飞鸟和流星；或者潜入水底，比较鱼类；无论你在哪里，都会发现多样性当中蕴含着统一性。无论你在哪里，都会发现，在同样美丽的事物当中，多样性和统一性是相互平衡的，而在美的程度不同的事物当中，这两种性质的复合比例就各不相同。简言之，如果我们可以使用几何学家的术语来表达的话，你会在地底下面、海洋深处、大气的高层，在整个自然界以及它的每一个部分中都发现多样性中蕴含着统一性，而美总是由这两种特性之间的复合比例来决定。

接下来他们又讨论了各种艺术当中的美，这些艺术门类的作品不能被视为一种真正的摹仿，其代表是建筑、机械工艺、自然和声等。他们竭尽全力，要把这些艺术纳入他们所说的多样性中的统一性这一法则中来；如果说他们的论证还缺乏说服力，倒不是因为列举的例证不够充分，事实上，他们举例的范围已经覆盖了从最辉煌的殿堂到最卑微的草棚，从最珍贵的艺术品到最无足轻重的杂件，这些例子足以证明，在缺乏统一性的地方，艺术会剑走偏锋，在没有多样性的地方，艺术就会单调乏味。

然而有一种类型和上述的种类差异很大，让哈奇森及其信徒们颇感为难，因为我们明明在这里感受到美，统一性寓于多样性之中这条法则却无法适用。这里我们说的就是对抽象、普遍的真理的证明。如果一条定理中间包含了无数个别的真理，而后者只是这条定理的自然的衍生，那么同样，该定理也不过就是从某条公理中推论出来的，这条公理还可以引申出无数其他的定理。但是，我们会说"这条定理很美"，而不会说"这条公理很美"。

关于如何运用其他原则来解决这个难题，我们下文再谈。现在让我们考察一下相对的美，根据哈奇森及其信徒们的观点，这就意味着，在我们的感觉中激发起这种美的事物，应该被视为对某个原作的摹仿。

哈奇森学说的这个部分并无特殊之处。在这位作者以及大众看来，这种美之所以成立，仅仅是因为原本和摹本之间存在着一致关系。

由此可以得出结论，相对的美的成立，并不需要以原本当中的美作为前提。森林、山岳、深谷、乱石、老人的皱纹、死者脸上的苍白以及病痛的创痕，在入画、入诗以后都可以让我们感到愉悦。亚里士多德所说的道德性的性格，并非是

指一个具有美德的人的性格，而拉丁语所说的*彰显道德性的*
故事，指的也仅仅是这样一种史诗或诗体剧：其情节、情感
和言语都符合诗中人物的性格，但性格本身并不拘于善或
者恶。

尽管如此，我们还是不能否认，对一个具有*绝对的美*的
事物的描绘，与对全然缺乏这种美的事物的描绘比较起来，
通常会带给我们更多的愉悦。这条法则或许有唯一的例外
情形，即描绘如果与它的观看者的心境*丝丝入扣*，胜过我
们从作为原始范本的事物的*绝对的美*中得到的一切；另一
方面，这种意趣既然是从不完美中产生出来的，也就能够
解释为什么我们总是希望史诗或英雄叙事诗里的主人公不
是完人。

在诗歌与演说中，大部分其他的美遵循*相对的美*的法则。
由于和真实相契合，对比、隐喻和寓意也都成了美的，哪怕它
们所表现的事物本身并不包含任何绝对的美。

哈奇森强调指出，我们喜欢运用对比。在他的设想中，这
种爱好的根源是这样的：在七情六欲的驱使下，动物和我们往
往有相同的行为；自然界中无生命的物体，其姿态也常常与人
在某种心境中采取的体姿相似。因此，我们正在分析的这位作
者接着说，不需要再增加什么东西，狮子天然就可以象征怒
火，老虎可以体现残暴，挺拔如云、傲视苍穹的橡树可以表现
勇气，怒涛起伏的大海可以描绘怒火奔腾的心潮，而一株软弱

无力、连几点雨滴也经受不起的罂粟花则可以勾勒出一个气息奄奄的将亡之人。

这便是哈奇森的学说，总体而言它略显奇特，而理据有所不足。尽管如此，他的作品，特别是其原版，是怎样向读者推荐也不为过的，因为其中包含了大量精辟的意见，足资指导我们如何在美术实践中力臻完美。现在我们来看一看耶稣会士安德烈神父的主张。他在《谈美》① 这篇著作中提出的学说是我所知道的最连贯、最广泛、最谨严的体系。我甚至可以保证，它在同类著作中出类拔萃的地位，可与《论美术的唯一原则》相提并论。只可惜这两部杰作各自缺失了一章，否则定可青史留名，为此之故，错删去缺失章节的两位作者该受到批评。《论美术的唯一原则》的作者、修道院长巴特② 提出，美术的一切原则都在于摹仿美丽的自然，可他唯独没有告诉我们，所谓美丽的自然究竟是何物。安德烈神父则以深刻的洞察力和睿智把笼统言之的美细分为不同的类型，并逐一给予精确的定义；不过，除了像圣奥古斯丁一样把美归结为统一性之外，他并未在书中任何地方给出关于美本身的一般定义。他不断地谈到秩序、比例、和谐等等，但对这些概念的缘起始终不着

---

① Yves-Marie André（1675—1764），法国耶稣会士、哲学家和作家，《谈美》是他于一七四一年出版的著作。
② Charles Batteux（1713—1780），法国教士、学者和作家，一七六一年当选法兰西学士院院士，《论美术的唯一原则》发表于一七四七年。

一字。

安德烈神父区分了纯粹精神中的各种一般概念，这些概念为我们奠定了美的永恒的法则。他区分出心灵的自然判断，在这些判断里，情感和纯粹精神的概念混合在一起，但并不损害后者；同时他也区分出教育和风俗造成的偏见，有时候它们会危及心灵的自然判断和纯粹精神的概念。他将自己的著作分为四章，第一章专论可见的美，第二章论道德中的美，第三章论精神作品中的美，最后一章则是关于音乐中的美。

他对上述每个论题都提出了三个问题：据他所说，我们在每一个领域中总能找到绝对的、独立于包括神意在内的一切意旨的本质的美；其次是依赖于创世者，但不受我们的意见和品位影响的自然的美；最后是一种人工的美，它在一定程度上是主观易变的，但或多或少仍受到永恒的法则的制约。

安德烈神父把本质的美定位在一般意义上的匀称、秩序、比例和对称上面；自然的美指在自然物体上可观察到的匀称、秩序、比例和对称；而人工的美指的是在我们的机械制品、装饰、建筑、庭院上可观察到的匀称、秩序、比例和对称。据他观察，最后一种美中兼有主观易变的和永恒的成分。例如在建筑中，他发现存在着两类规则：第一类出自不以我们的意志为转移的关于原初的、本质的美的概念，这类规则毫无例外地要求柱子垂直、楼层平行、结构对称、布局通透、设计雅致，总之，要求所有的局部单元都体现出整体性；与此不同的是，第

99

二类规则出于不同时代的艺术大师所做的个别的观察，他们据此制定了五种建筑类型中各个部分之间的比例规则。根据这些规则，在托斯卡纳式建筑中，柱子的高度应为柱础直径的七倍，多利安式建筑为八倍，爱奥尼亚式为九倍，科林斯式为十倍，混合式建筑也为十倍；从柱础到柱高约三分之一处应有隆起，而在上部的三分之二中，应从柱头起逐渐缩减柱身；根据度量尺度的不同，柱子之间的距离最多是柱础直径的八倍，最少则不得低于柱础半径的三倍；柱廊、拱廊和门窗的高度应为宽度的两倍。不过，上述规则都以肉眼的测量或若干含混不清的范例作为基础，所以总是不够明确，而且也并非必须遵循不可。因此我们有时会看到那些伟大的建筑师超越这些规则，对它们进行增减，或者根据情况的不同制定一些新的规则。

因此艺术品当中又有本质的美、人的创造之美及体系之美。本质的美在于秩序；人的创造之美则是艺术家根据自身喜好，对秩序法则的自由运用，或者说得更清楚些，是对某种秩序的选择；而体系之美则来自观察，即使在技艺最精湛的艺术家那里也各不相同，但无论如何它也不会损害本质的美，因为后者是一道不可逾越的界限。如果大师们偶尔会听凭个人禀赋左右，越过了这道藩篱，那是因为在这些罕有的场合中，他们预想到这种逾矩对美的增色超过了对它的损伤，但即便如此，他们仍旧犯下了一个理应责备的错误。

仍旧根据这位作者的看法，主观易变的美又可进一步区分为天才之美、品位之美和纯粹任性的美。天才之美基于对本质之美的了解，为我们制定了不可违背的规则；品位之美建立在对自然造化以及大师们的作品的认识的基础上，它可以为如何具体运用本质之美提供指导；而任性的美则没有任何实在的根基，它在任何地方也不应该被接受。

在安德烈神父的学说中，卢克莱修以及皮浪式的怀疑主义到底起了怎样的作用呢？后者之中有哪些成分被主观易变的美所吸收？答案是几乎没有任何作用和影响。因此，为了回答那些声称美出自教育，因而不乏偏见的人的反对意见，他仅仅指出了他们的错误源自何处。安德烈神父认为，这些反对者是这样推论的：首先，他们在一流的杰作中寻找任性的美的例子，而且也的确毫不费力地找到了，并且轻易就证明了他们在这些杰作中遇到的美的确是主观任意的；接着，他们又举了品位之美的若干例子，并且十分清楚地证明了品位之美中也蕴含着主观任意的成分；到了这一步之后，他们就既不肯继续深入，也罔顾自己所举例证并不完备的事实，径直得出结论说，人们所谓的美无不是主观和任意的结果。然而，我们很容易看明白，他们的结论只是在针对人工的美的第三个分支时才不无道理，至于对这种美的前两个分支，他们的抨击根本是无的放矢、毫无意义，更不必提自然的美和本质的美了。

安德烈神父接着又把他的原则运用到风俗、精神作品和音乐上面，并且他证明了在这三类美的对象中都有本质的美，即绝对的、独立于包括神意在内的一切意旨的美，它保障了一个事物的内在统一性；此外，还有自然的美，它依赖于创世者的意旨，但独立于我们；最后，还有一种主观易变的美，它完全取决于我们，但不会给本质的美造成损害。

表现在风俗、精神作品和音乐中的本质的美建立在有秩序的布局、匀称、准确、比例、端正和协调等原则的基础上，这些品质在一件善行、一出好的戏剧、一首精彩的合奏曲中都能体现出来，并且它们能够保证道德行为、智慧的产出与和声的作品都具备内在的统一性。

至于自然的美，在道德风俗领域中它不过表现为我们的行为遵守了本质的美，这种行为与我们在世间生灵中的地位是相配的；在精神作品之中，自然的美不外乎是对自然的全部作品的忠实的摹仿与描绘；最后在音乐和声方面，它表现为遵从发声体及其音响以及人耳的构造方面的各种自然法则。

还有人工的美，在风俗中它体现为遵守民族的习俗，尊重、恪守国民的秉性及其法律；在精神作品中，它表现为尊重交谈的规则，熟练掌握语言，遵守主流的趣味；在音乐领域里，它指的是适时地加入不协和音程，使音乐作品符合大众普遍接受的音律和音程。

由此安德烈神父得出结论说，再也没有其他地方能像在宇宙中一样，看见本质的美和它的真理如此洋溢勃发；再也没有其他地方能像在基督教哲学家身上一样，看见道德的美得到践行；再也没有其他地方能像在一出有配乐和布景装饰的悲剧中一样，体现出精神和理智的美。

《功德与品德论》的作者①拒绝对美进行各种区分，他和很多人一样，认为世上只有一种美，其基础是功用价值：按照这个观点，得到最佳的安排、能够最完美地产生我们期待的效果的东西就是最美之物。如果你问他什么是一个美男子，他会回答你说，美男子就是四肢匀称，身体协调，能够无懈可击地完成人作为动物的行为要求的人。他又接着说，男人也好，女人也好，马或者其他动物也好，都在大千世界中占据着各自的位置，在自然中，这个位置就决定了它们需要完成的工作，工作义务又决定了它们的身体组织，而身体组织的完善和美的程度，又取决于动物为了完成自然职能掌握了怎样的敏捷协调的便利条件。不过，这种便利条件也不是随随便便就获得的，能够提供身体构成以及由身体构成所决定的身体美感，自然也是有条件的。接下来，他又谈到桌椅门窗等生活中司空见惯的物品，并试图向你证明这些物品的形式在多大程度上吻合人们赋予物品的用途，就在多大程度上能够让我们感到愉悦。他又讲，世间的时尚之所以经常改变，换言之我们对事物形式的品味之所以缺乏定见，是因为事物完美无缺地适用于某个用途的

---

① 指英国哲学家、作家和政治家沙夫茨伯里伯爵（Anthony Ashley-Cooper, 3rd Earl of Shaftesbury, 1671—1713），该书于一七四五年由狄德罗译为法语。

情况总是可遇而不可求的；世上有一种最高程度的适用性，但任何精妙绝伦的自然或人工的几何学都无法将其测量出来，我们纵然整日围着它，也只是徒唤奈何，在我们接近它、超过它的时候，我们能明白地感觉到它的存在，要想真正达到它，却总是毫无把握。由于事物的形式在永无休止地革新，我们要么舍旧求新，要么围绕着我们看重、保留的形式喋喋不休。另外，这一最高程度的完美点并不会永远固定在某一处，在众多情形下，它的范围或有伸缩，这方面略举数例就可以阐明他的思想。他接着说，并非所有的人都能对事物保持同样的关注度，他们精神上有强健孱弱之分，耐心和教养也各有高低。这种差别会带来怎样的后果呢？在一群学富五车的院士眼中，高乃依的《希拉克略》①的情节可谓妙不可言，但普通民众则会认为它杂乱无章；有人愿意把喜剧的长度限定在三幕，另外一些人则会觉得延长到七幕也未尝不可，各种品位的不同可以此类推。不过无论如何，不管这个学说讲得怎样合情合理，我还是不能同意它。

我同意沙夫茨伯里伯爵的下列观点：在我们对外物的判断中，总是掺杂着向我们自己投去的微妙一瞥，好像我们在这回眸之间想悄然折返自身；我们经常以为自己只会在美丽的形式

---

① 法国古典主义剧作家高乃依于一六四七年写成的一出悲剧，剧中主人公是东罗马帝国皇帝莫里斯一世（539—602）之子，而非历史上拜占庭希拉克略王朝的创建者希拉克略（575—641）。

面前心醉神迷，但它只是引起我们激赏叹服的最主要的原因，而非唯一的原因。我也同意，这样的激赏叹服并不总是如我们想象的一样纯洁。然而，不管我们过去有多么赞成这位作者的观点，既然只需要一个事实就足以动摇一个思想体系，那么我们就不得不抛弃刚刚引述过的作者的思想了。我略陈我们的理由如下：

人人都有过这样的经验，我们的注意力经常集中在物体各部分的相似性上面，即便这种相似性毫无实际功用。以椅子为例，只要椅腿长短相等，坚固耐用，那么形状是否一致又有什么关系呢？椅子腿完全可以彼此不同，这并不妨碍椅子的使用，它们可以是直的，也可以弯曲如鹿脚，或者向外弯，或者向内弯。如果我们按照棺材的形状打造一扇门，它的形状可能倒会比任何其他的形状更适合人体。在建筑上，摹仿自然及其作品到底有什么用处呢？如果支起一根木头或者放上一个巨石就能解决问题，为什么非要竖立石柱，而且还不忘在上面雕花呢？柱子也就罢了，上面还要雕出人像，又有何益？难道让这根柱子立在那里，代替一个人站岗尽职，或者，难道是一个人受命站在前厅的一角，代替柱子的作用？为什么要在柱子顶盘上摹仿自然物？这些仿制物的比例是否恰当，又有什么要紧？假如功用是美的唯一基础，那么浅浮雕、凹槽饰、花瓶，乃至一切饰物，就全部变成多余并且可笑的了。

但在那些其存在的唯一目的就是取悦于人的事物中间，摹仿自然的趣味就会随处可见。我们会对某些形式赞赏不已，而完全不受功用概念的驱使。一匹马的主人，或许只有当他对比这头牲畜的体型和他意向中分配给这匹马的用途时，才会觉得马是美的；而一个无关的路人则绝不操心于此，因为马不属于他，对他也毫无用处。无论如何，世上有千百种花卉草木和自然的其他创造物，对它们的用途我们概无所知，但我们时时刻刻都能在它们中间辨别出美。

我很清楚，在我刚才为了驳斥那种学说而提出的种种反对意见中，没有一种是不能被再度回击的。然而在我看来，这些回应与其说是有根有据的，不如说是巧言如簧的诡辩。

从前文可以看出，柏拉图的用心并非要把特定的真理传授给他的弟子，而是想让他的同胞们从诡辩家编织的迷梦中醒悟过来，因此柏拉图著作的每一行字都在展示美的事例，并且明白无误地告诉我们美不是什么，但他从不正面言说美究竟是什么。

同样也可以从上文看出，圣奥古斯丁把一切美都归结为某种统一性或某个整体内部各个部分之间的确切关系，或者是某个部分内部被再度划分的各个单元之间的确切关系，因为这个部分可以被当作一个较小的整体，如此可继续类推，以至于无穷。不过我认为，与其说这是对美的本质的注解，不如说是对完善的本质的解释。

沃尔夫先生则混淆了美和美所引发的愉悦，也混淆了美和完善。要知道有些事物并不美，但可以引起我们的愉悦感，有些事物则正好相反，美却无法引发愉悦；还得看到，任何事物都有趋向至善的潜能，有些事物却没有哪怕最低程度的美：嗅觉和味觉这两种感官的所有对象就是如此。

至于克鲁萨先生，当他在充实对美的定义的时候，他并没有意识到，为美增添的特性越多，美就越被特殊化、个性化。同样他也没有意识到，他的初衷是论述一般意义上的美，但由于一开始就定下来一个概念，结果这个概念只适用于某些特定形态的美。

哈奇森给自己提出了两个目标，首先是解释我们在面对美的时候所感到的愉悦究竟来自何处，其次是考察存在物应具有怎样的特性才能在我们身上引发个体性的愉悦，并且因此显得是美的。但他未能充分证明所谓第六感官的实在性，倒是让我们感到，如果不借助这个概念，就很难说明美给我们带来的愉悦感的根源。他提出的多样性中蕴含的统一性这个原则并不是普遍适用的。当他把这个原则运用到几何图形上时，这种引申固然不失精巧，却缺乏依据，此外，这种原则也完全无助于说明另一种美，即论证抽象和普遍的真理的过程所产生的美。

《功德与品德论》一书提出，功用是美唯一的基础，这种观点显然比上述任何一个学说都更加站不住脚。

最后是《谈美》的作者耶稣会士安德烈神父，到目前为止，他对这个问题的研究最为深入，对问题涉及的广度和困难看得最清楚，而且他提出的原则也最符合事实，最有说服力，也最值得我们研读。

对他的作品，我们唯一还可以进一步期许的，或许就是阐明在我们身上形成的比例关系、秩序、对称等概念从何而来；因为，从他讨论问题时所使用的崇高语调来看，我们分不清他究竟是把这些概念视为后天获得的、人为的，还是视之为内在的、先天的。不过还是应该为他辩护一下，毕竟他的文风更接近演说而非哲理，多少让他偏离了这次讨论的主旨，而这也正是我们下面将要展开的工作。

我们生来就具有感知和思维的官能；其中思维官能的第一个步骤是考察它获得的各种感觉经验，把它们联系起来，加以比较、组合，观察经验当中各种协调或者不协调的关系，等等。我们同样也有与生俱来的需要，这些需要迫使我们采取各种不同的手段，根据我们期待它们产生和它们实际能够产生的功效，我们又往往把这些手段判别为好的、差的、即时的、简便的、完整的、不完整的，等等。这些手段方法中的大部分是工具、机器或者其他类似的发明创造，但是任何机器都需要经过组合，即把各个零件连接起来，使它们能够协调一致服从于同一个目的。这就是我们的需要和我们的各种官能的最直接的运用，自我们出生开始，它们就相互配合，向我们提供秩序、布局、对称、结构、比例、统一性等概念；所有这些概念都来自感官，是人为造成的；这样，我们首先对大量相互联系的、有比例的、组合起来的、对称的人工或自然的存在物形成了概念，然后才过渡到比例失调、秩序杂乱和混沌的抽象的、负面的概念。

这些概念和其他所有概念一样，也是经验性的，它们也是经由感官提供给我们的。即使世上没有上帝，我们仍然会有这些概念：它们在我们身上存在的时间要远远早于关于上帝的概念。谈到其实在性、可辨识性、清晰度和真实性，它们绝不在长度、宽度、深度、量和数的概念之下。由于这些概念的根源深植于我们与生俱来的需要和我们对感官的运用之中，因此，即便世界上某个民族的语言中没有关于这些概念的词语，它们仍旧会存在于人的精神里，只不过其范围、深度、支撑它们的经验的数量以及它们可以运用于其上的对象会有多有少，有高有低，而这恰恰是民族与民族之间，或者同一民族的不同个体之间可能具有的全部差别。此外，无论我们用怎样的崇高语词来指示秩序、比例、关系、和谐等抽象概念，或者即便我们用永恒、原初、至高无上、美的本质法则等语言来称呼它们，都不能否认这样一个事实：这些概念是通过我们的感官进入我们的知性之中的，在这一点上它们和最卑下的概念毫无二致，它们不过是我们的精神对感觉经验进行抽象的结果而已。

我们会运用自己的智力官能，也会运用机器及各种发明创造来满足自己的需要，在这两种活动中，一旦秩序、关联、比例、联系、布局、对称等概念在我们的知性中被唤起，我们就会立即感到，在围绕我们的各种存在物中，这些概念正在无穷无尽地被重复；我们的一举一动都伴随着它们的激发，舍此我们简直在宇宙中寸步难行。这些概念每时每刻都会从四面八方涌入我们的头脑，在我们身上发生过的一切，在我们身外存在过的一切，过往的时代遗留下来的一切，当代人用他们的技能、思考和发现在我们眼前创造出来的一切，都会不停地向我们灌输秩序、关联、布局、对称、契合、偏离等种种概念，或许除了存在本身之外，没有任何概念能够像上述各项一样被我们如此谙熟于心。

无论是绝对还是相对的美，是一般还是个别的美，如果美的概念中只包含秩序、关联、比例、布局、对称、契合、偏离等概念，并且如果这些概念的唯一根源就是存在、数、长、宽、深以及无数其他毫无争议的概念，那么在我看来，我们就可以用前面那群概念来给美下定义，并且这样做并不会受到玩弄词语游戏、在恶性循环中打转的指责。

美是一个我们可以应用到无数存在物上的术语，但无论这些存在物之间有多少差异，我们只会面临两种可能性：要么我们错用了"美"这个术语，要么在所有这些存在物中间都有一种共同的品质，它正好可以用"美"这个词来标识。

这种品质显然不会是这些存在物的"种差"①，否则就会

---

① différence spécifique，一个逻辑学上的术语，指被定义的概念与从属于它的概念之间的差别。

出现这样的局面：要么只有一个美的存在物，要么最多也只有一种美的存在物。

然而在我们名之曰"美"的那些存在物的种种共性中间，究竟该选择哪一种品质，来标识以"美"著称的那个东西呢？该选择哪一种？很明显，我觉得只能选择这样一种品质：它的存在能够让所有的存在物变美；它的稳定、频繁的出场或者稀缺——如果有这种可能性的话——会增加或者减少存在物的美，而它的彻底缺席则会让存在物不再是美的；只要它改变自身的性质，就会改变这种类型的美，而和它截然相反的品质则会让最美的存在物变得丑陋，让人不快；总之，它决定了美的出场、增色和无穷的变化，也决定了美的衰退和消失。然而，只有关系这个概念才能产生上述这些效果。

因此，自身就蕴含着能够在我的知性中唤起"关系"这个概念的因素，所有这样的东西我就称之为外在于我的美；所有在我身上已经唤起了这个概念的东西，我就称之为相对于我的美。

我用了"所有"一词，但我把那些与味觉和嗅觉有关的品质排除在外；尽管这些品质也能够在我们身上唤起关系的概念，但当我们从这些品质的角度来看待那些激发嗅觉和味觉的对象时，我们却不把这些对象称为美。我们可以说一道菜好吃，一种气味好闻，但我们不会说一道菜很美，一种气味很美。而当我们说"多美的一条多宝鱼""多美的一朵玫瑰花"

时，我们想到的却不是与味觉和嗅觉有关的东西，而是鱼和花的别的品质。

我说自身就蕴含着能够在我的知性中唤起"关系"这个概念的因素的东西或者在我身上已经唤起了这个概念的东西，是为了区分对象本身蕴含的形式和这些形式在我身上唤起的概念。我的知性不会往对象里加进任何东西，也不会从中取走任何东西。不管我想到或者未曾想到卢浮宫的正面布局，它的一切组成部分都会保留其固有的形式和它们之间原有的格局；不管有没有人，它的美也不会因此减去一分，但这只是对像我们这样的、由身心两部分组成的可能的存在物来说是如此，而对其他的存在物来说，它大概无所谓美丑，甚至可能根本就是丑的。由此可以看出，尽管这里并没有什么绝对的美，却有两种相对于我们的美，一种是"真实的美"，一种是"被感知到的美"。

当我说所有在我身上已经唤起了"关系"这个概念的东西的时候，我并不是想说，为了把一个东西称作美的，就必须鉴别出究竟是哪种关系在这个东西身上占据了主导。我不会苛求一个人在看见建筑物的时候就能一口道出连建筑师本人都可能忽视的东西，例如这个部分之于那个部分犹如某两个数字之比；我也不会期待一个听音乐会的人能知道音乐家自己也不知道的事情，例如这个音与那个音之间是二比四或者四比五的关系。为了欣赏到美，他仅仅需要察觉、体会到，建筑物的各个部分也好，音乐作品的各个音也好，它们彼此之间存在着关系，或者它们与其他的对象之间存在着关系。正是由于这些关系是不确定的，由于它们容易被捕捉住，而且一旦被感觉到就会带给人愉悦，因此我们很容易想到，美主要是诉诸情感，而非关涉理性。我敢断言，每当一个原则是我们自孩提时代起就熟悉的，并且由于我们习惯成自然，能够轻易地、熟练地将其运用到我们身外的事物上时，我们就会认为自己是基于情感来做出判断的；但如果关系过于错综复杂，我们对这个事物又比较生疏，以至于我们不能立即去运用这一原则，那我们就不得不承认自己的错误了：在这种情况下，愉悦感就不会立即产生，它需要等待知性来宣布"这个事物是美的"，而后方可得到激发。而且，在此情况下，我们的判断几乎总是基于相对的美而非真实的美。

我们在道德生活中观察关系，就有了道德之美；我们在文学作品中观察关系，就有了文学之美；我们在音乐作品中观察关系，就有了音乐之美；我们在自然的创造物中观察关系，就有了自然之美；我们在人类制造的机械产品中观察关系，就有了人工之美；我们在艺术或者自然作品的表象中观察关系，就有了摹仿之美。无论我们面对何种对象，不管你从哪个角度去观察同一个对象中蕴含的关系，都会发现美，只不过美的名称各异罢了。

然而同一个物体，不管它具体是什么，我们既可以孤立地、仅就其本身去观察它，也可以把它和其他的物体联系起来进行观察。如果我说这朵花是美的，这条鱼是美的，我到底想表达什么呢？如果我把这朵花、这条鱼孤立起来观察，那么我不会有别的意思，仅仅是在表明，我在它们的各个组成部分之间体察到了秩序、布局、对称、关联（这些词只是用来表示观察这些关系本身的不同方式）：在这个意义上讲，所有的花都是美的，所有的鱼也是美的；不过究竟是怎样一种美呢？是我所说的真实的美。

如果我从与其他的花朵、其他的鱼的关系的角度来看待这朵花、这条鱼，那么如果我说它们是美的，这就意味着在与它们同类的存在物中，万花丛中的这一朵花，鱼群中的这一条鱼，在我身上唤起了最多关系的概念，以及最多某种特定类型的关系的概念；因为，我很快就会说明，不同的关系的本质是各不相同的，它们对美的促发的贡献也是彼此不同的。但是我可以断言，在这种新的看待对象的视角下，美和丑是并列出现的。不过到底是怎样的美，怎样的丑呢？是相对的美和丑。

如果我们不讨论一朵花或一条鱼，而是总而论之，选择一株植物或一只动物；或者，我们做更个别化的处理，选择一朵玫瑰或一条多宝鱼，仍然能够把相对的美和真实的美区别开来。

由此我们可以看出，相对的美可以在不同的层面上得到定义。一朵郁金香可以被放到所有的郁金香、所有的花卉、所有的植物、所有自然的创造物当中进行比较，都可以被看作是美的或者丑的。

但是我们可以想象，必须要在看过许多玫瑰和多宝鱼之后，我们才能说这朵花或者这条鱼在玫瑰和多宝鱼中间是美的或者丑的；必须在看过许多植物和鱼类之后，才能说玫瑰和多宝鱼在植物和鱼类中间是美的或者丑的；必须要对自然的万千造化有许多知识，才能说它们在自然界中是美的或者丑的。

如果有人对一位艺术家建议说："请你摹仿这美丽的大自然吧！"这句话是什么意思呢？说话的人根本不知道自己想要什么，要么他在说："如果你要画一朵花，并且你并不在乎究竟画哪一朵，那么就请画花中最美的那一朵吧；如果你要画一株植物，并且你的主题并不限定你画一棵干枯、断裂、枝叶凌乱、摇摇欲倒的橡树或者小榆树，那么就请画一切植物中最美的那一株吧；如果你要画大自然里最美的物体，并且具体画什么你并不在乎，那么就请描绘那最美的物体吧。"

由此可以得出结论：第一，摹仿美丽的大自然，这个原则要求我们对自然的所有创造物有最深入、最广泛的研究。

第二，即使我们对自然有最完备的知识，并且完全了解它在创造所有存在物时给自己制订的限度，下面的事实也仍旧是确定无疑的：我们在摹仿艺术中运用最美的事物的机会，和运用最不美的事物的机会比起来，犹如一和无穷大的比例。

第三，尽管大自然的每个创造物就其自身而言都有一种最高程度的美，或者说，如果我需要举例的话，尽管大自然产生的最美的玫瑰在高度和覆盖的范围上都不能和橡树相提并论，但如果我们在摹仿艺术中要运用这些大自然的创造物，那么从这个角度来看，它们是无所谓美，也无所谓丑的。

根据存在物的本性，根据它让我们感知到大量关系这个事实以及这些关系的本性，这个存在物可以是漂亮的、美的、更美的、非常美的或者丑陋的，也可以是卑俗的、低矮的、庞大的、挺拔的、崇高的、夸张的、滑稽的或者可笑的；要想一一罗列其中的细节，字典上的一个词条远远不够，需要一本巨著才能担此大任。在此我们只准备略述其原则，至于其后续的效应就留待读者去细加推究。但是我们可以向他担保，不管他从自然当中去选取例证，还是从绘画、道德、建筑、音乐中举例，都会发现，他将把真实的美的名称送给所有那些蕴藏着必要的因素、自身就可以唤起关系的概念的东西，而所有那些能够唤起与应作比较之物的恰当关系的概念的东西，则将被他称为相对的美。

在此我只举一个文学上的例子。所有人都知道悲剧《贺拉斯》中那句崇高的台词："让他去死！"假设我去问一个对高乃依的这出剧本一无所知，也完全不懂老贺拉斯这句话有何深意的人，问他对"让他去死"这句话有什么想法。很明显，此人不明白"让他去死"是什么意思，他猜不出这是一句完整的话还是一个片段，也看不出这几个词之间有什么语法关系，于是他一定会回答我说，这句话在他看来既不美，也不丑。不过如果我告诉他，说这句话的人正被别人询问另一个人在战斗中应该怎样做，那么他就会渐渐看出，答话的人身上有一股勇气，这使他不会把苟且偷生当作理所当然的事情；这样一来，"让他去死"就开始打动他了。如果我又补充说：这场战斗是为了捍卫国家的荣誉；投入战斗的人是答话者的儿子，而且是经过劫难唯一在世的儿子；这个年轻人要面对三个敌手，是他们夺走了年轻人的两个兄弟的生命；这句话是老人对自己的女儿说的，老人是一个罗马人；说到这里，随着我对这句话和它的情境之间的关系的解释越来越清晰，"让他去死"这个起初无所谓美丑的回答就变得美了起来，并且最终上升为一种崇高。

如果你把情境和关系改变一下，把法国戏剧里的这句台词搬到意大利的舞台上，让说出此言的人从老贺拉斯变成司卡班①，那么"让他去死"这句话就会变得滑稽可笑。

再改变一下情境，假设司卡班现在服侍着一个冷酷、贪婪、性格暴躁的主子，一天他们在大路上遭到三四个劫匪的围攻。司卡班逃走了，留下他的主子还在努力反抗，不过由于寡不敌众，他也只能夺路而逃。有人告诉司卡班他的主人已经脱险，大失所望的司卡班说道："怎么，他逃走了？啊，这个懦

---

① Scapin，出自意大利语中的 scappare，即"逃跑"之义，原系十七世纪意大利戏剧中的一个狡猾仆人（如追根溯源，此类形象甚至可在古代拉丁戏剧中找到原型），后来在法国戏剧中产生了诸多变体，其中最著名的见于莫里哀的《司卡班的诡计》。

夫！"对方回答他说："可是他是以一敌三，你要他怎么办呢？"
司卡班说："让他去死。"此处的"让他去死"就会显得可笑。
因此，美一定是随着关系的不同而发生、增色、变化、衰败和
消失的，正如我们上文已经说过的那样。

人们一定会问我，你说的关系究竟是指什么？如果把
"美"这个名词加到本来人们并不视之为美的事物上面，岂不
是改变了这个术语的含义吗？在我们的语言当中，"美"的概
念大概总是与"伟大"联系在一起的，现在，如果把"美"的
种差归结为某种可以适用于无数存在物的特性，哪怕这些存在
物既无伟大也无崇高可言，那么这恐怕不是给美下定义的恰当
方式。克鲁萨先生的错误大概在于，他用太多的属性来充实关
于美的定义，结果这种定义反而只能适用于极小数量的存在
物；不过，如果反其道而行之，让这种定义宽泛到包罗万象、
无远弗届的程度，以至于连随意丢弃在采石场边上未经打磨的
石头也算是美的，那我们岂不是又陷入了另一个极端呢？人们
还会说，所有的事物在它们彼此之间，在构成它们的各个部分
之间，在与其他的物体之间都可以具有各种关系，而且也没有
任何事物是不可以得到很好的布局，得到秩序，获得对称的。
对此我们的回答是，完善是一种可以适用于一切事物的品质，
美却不是如此，它仅仅属于少数事物。

在我看来，即便这不是人们能够对我提出的唯一的驳难，
至少也是最强有力的反对意见了。现在我就来答复它。

总体而言，关系是知性的一种操作，它在看待一个存在物或一种品质的时候，总是假设了另一个存在物或另一种品质的存在。例如，当我说彼埃尔是个慈父时，我总是注意到他的一个品质，这种品质设定了一个他者即他的儿子的存在；其他的关系，无论是什么，都可以从此例中类推。由此可见，尽管关系只存在于我们的知性之中，但在感觉的层面上，它同样在事物中间有着自己的依据；而且我还可以说，如果一个事物具有这样的品质，以至于一切像我一样由身心两面组成的存在者在看待它的时候，都不能不假定在这个事物的内部或者外部存在着其他的存在物或者品质，那么，这个事物在其自身当中就蕴含着若干真实的关系：我把这些关系分为实存的关系和被感知到的关系。不过，在此之外，还有第三种，即所谓智性的或虚构的关系，它似乎是由人的知性置入到事物中去的。一块大理石落在一位雕塑家眼里，他迅捷的想象力会在动刀之前就运转起来，将石块上多余的部分一一去除，好刻画出一个形象，可这个形象完全是想象的、虚构出来的；在一个用智性设定的线条所决定的空间里，他可以把自己的想象力在这块缺乏形状的大理石上所规划出来的一切付诸实施。一位哲学家看到被偶然丢弃的乱石堆，他用思想把乱石上所有不平整的部分都削除，由此雕琢出一个球体、立方体或者其他规整的形体。这说明什么呢？这说明，尽管艺术家的手只有在坚硬的表面上才能刻出图形，但他可以凭借思想把这图形的形象移注到一切物体上，不错，是空间和虚空中的一切物体！这个形象无论是由人的思想移注到空间里的，还是由想象力从最缺乏形状的物体中抽象出来的，它都可以是美的或者丑的，但是，它置身其上的那张理念上的画布，或者它从中被抽取出来的那个无形状的物体背景，无所谓美丑可言。

因此如果我说，一个存在物之所以是美的，乃是因为人们觉察到它包含着关系，绝不是指由我们的想象力移植到这个物体上的智性的或者虚构的关系，而是指的的确确存在于事物当中的真实的关系，它是我们的知性经由我们的感官在事物中间揭示出来的。

另一方面，我认为，无论具体是怎样的关系，总归是它决定了美，我指的不是那种狭义的，与单纯好看相对的美，而是指另一层意义上的美，我敢说，这层意义更有哲理，更符合普遍的美的概念，更符合语言和事物的本质。

如果谁有足够的耐心，把一切被我们称为"美"的事物都汇集起来，那么他很快就会发现，其中有无数的事物和伟大抑或渺小全然无关；每当一个事物是孤立的，或者，由于它只是一个门下成员众多的种类中的单独个体，人们用孤立的眼光来看待它，那么，所谓的伟大或者渺小就是无足轻重的。当人们称赞第一只钟或者第一只表，声称它美的时候，除了意指这只钟表的机械结构或者它各个零件之间的关系以外，还能指什么别的东西呢？今天，如果我们继续称赞钟表是美的，除了看重它的用途和机械结构，还能指什么别的东西呢？如果关于美的普遍定义必须适用于所有被"美"这个形容词称呼的存在物，那么伟大这个概念就被排除在这个定义之外了。我特别注意要把伟大的概念从美的概念中排除出去，是因为我发现人们向来喜欢把这两个概念联系在一起。在数学当中，人们所谓的美的问题是指一个难以解决的问题，而所谓美的答案则是指对一个复杂的、困难的问题的简洁明快的解决。在这些场合，人们都惯于使用"美"这个词，可伟大、崇高、高尚等含义实在派不上用场。我们不妨用这样的办法把所有我们称为"美"的存在物都检视一遍，那么我们会看到，这个事物会自动排除伟大，那个事物会排除功用，再一个事物会排除对称，还有一些甚至会排除秩序和对称的外表——例如描绘暴雨、风暴或者混乱的宇宙等场景的绘画——这样一来我们就不得不承认，那唯一普遍有效的，使所有的存在物都堪称美的品质，只能是关系这个概念。

不过，当人们要求美的一般概念适用于一切被我们称为美的存在物时，他们所指的只是在自己母语中的情况，还是泛指在所有的语言中都应该如此呢？美的定义到底只是适用于那些被我们在法语中称为美的事物，还是也应该适用于在希伯来语、古叙利亚语、阿拉伯语、迦勒底语、希腊语、拉丁语、英语、意大利语，乃至在一切曾经存在的、现存的或者未来可能存在的语言中都被称为美的事物？如果要证明在如此广泛地使用了排除法之后，关系的概念是唯一可以指望的方法，哲学家是不是必须要学习所有这些语言？假如哲学家已经发现"美"这个词的含义在各种语言中各不相同，假如他们证明了这个词在彼处适用于某一类事物，但在此处并非如此，但不管在哪种语言中被使用，这个词总是意味着对关系的感知，那么，哲学家的上述工作难道还不够吗？英国人喜欢说好的气味和好的女人，其实是指我们法国人说的美的气味、美女。如果一个英国哲学家在研究"美"的时候需要尊重他语言中的奇怪说法，他会面临什么情况呢？语言是人民创造的，现在却该由哲学家去揭示事物的本原，因此期望哲学家的原则不要与人民对语言的使用经常发生矛盾，这倒是稀奇古怪、不切实际的。但是，用"对关系的感知"这个假设去解释美的本质，就避免了此类弊端，因为这个假设有这样强的普遍性，我们很难设想有什么事情能够逃脱它的解释力的范围。

在所有的民族中间，在世上所有的地方和所有的时代，人们无不用一个词来指示一般意义上的颜色，然后又用其他不同的词来指示各种特定的、具体的颜色，以及它们浓淡深浅各异的变体。如果我们请一位哲学家来解释什么叫作美丽的颜色，那么他该怎样做呢？难道不是首先指明为什么可以把"美"这个词应用到一般意义上的颜色——具体什么颜色姑且不论——上面，然后再说明究竟出于怎样的原因，我们会偏爱此种而非彼种色彩吗？同样，是"对关系的感知"创造了"美"这个术语。随着关系和人的精神世界的变化，我们又创造了漂亮、美丽、迷人、伟大、崇高、高尚、神妙以及其他无数词语，它们要么和形体相关，要么和精神相关。这就是"美"的千差万别的变体。不过关于这个思想，我还有要说的话：

当人们要求美的一般概念适用于一切美的事物的时候，他们所指的仅仅是在此时此地被称为美的事物呢，还是也包括了在世界诞生的时刻，在五千年前，在三千里外，以及在未来的时代里也同样被称作美的事物？是否包括了我们在童年、在壮年和在老年都视之为美的事物？是否包括了能激发起所有开化民族的赞叹，以及让野蛮人也一见倾心的事物？这个定义的真理性究竟是局部的、特殊的、因时而变的，还是能够扩展到一切的存在物、一切时代，扩展到一切人和一切地点？如果人们倾向于后者，那么就大大靠近了我的原则，事实上，我们也很难找到其他的方法来协调下面这些不同人群的判断。比如，对儿童来说，只要看到一点点对称和摹仿的痕迹，他就会欢喜赞叹，而要让成年人感到震撼，就非得壮阔宏大的宫殿不可；野蛮人看到玻璃耳坠、黄铜戒指、金属镯子就会着迷，而有见识的文明人眼里就只有最精美的工艺品；初民会滥用"美丽""不可思议"这样的词语，哪怕他们面前不过是茅屋草棚，而现代人赞美的对象仅限于那些穷尽人力的奇迹。

把美归结为对关系的感知，这样你就会获得从古至今一部美的演变史；反之，如果选择某种你在意的特殊品质，把它作为一般意义上的美的特征，那么你对美的理解就会立刻集中到空间和时间的某个点上面。

这样看来，对关系的感知就是美的基石，在不同的语言里，人们使用了无数不同的词语，但它们不过对应着不同类型的美，而归根到底指的都是对关系的感知。

然而在我们的语言以及几乎一切其他语言中，美这个词总是和"好看"相对。从上文所说的新的视角来看，美的问题似乎就只是一个语法问题了，似乎只需要确定人们附加在"美"这个术语上的不同的含义。（可参阅《与"好看"相对的美》一文。）

在试图阐明美本身的根源之后，我们只剩下一件工作，即说明人们为什么会对美抱有不同的理解。这一研究最终将证明我们的假设，因为我们将会证明，对美的不同理解来自人们在大自然及艺术作品中感知到的或者引入的关系的多样性。

如果一种美出自对某种单一的关系的感知，那么和出自对多样化的关系的感知的美相比，它就不免逊色三分了。一副美丽的容颜、一幅美丽的画作，会比单一的颜色更打动人心；星空总是胜过蓝色的帷幔，风景胜过空旷的田野，建筑胜过平平整整的地面，乐曲胜过单一的声音。不过，也不必无限度地增加关系的数量，美不会简单地因为关系的增多就不断增色：在美的事物中，我们只会接受那些能够被健全的心智清晰地、直观地捕捉到的关系。然而何谓健全的心智？作品中的那个低于它则关系不足且形象单调，越过它则导致关系泛滥、形象臃肿累赘的绝妙的平衡点，究竟在哪里？这就是美的判断之所以分歧不断的第一个原因，也正是从此开始，人们变得聚讼不已。人人都承认天地间存在着美，它源自被感知到的关系，但由于人们见识不一，经验习性各异，判断、思考、观察的方法以及天赋的高低有别，我们会对同一个对象产生不同的感觉，认为它是丰富的或贫瘠的，杂乱的或充实的，平庸的或繁多累赘的。

在有些艺术作品中，艺术家不得不运用比大众所能接受的更多的关系，只有那些同样从事这门艺术的人，也即那些最吝于给予他们公道的同行，才会对他们创作的全部成就心知肚明，而这样的作品又何其多也。在这样的作品中，何以言美？要么美被呈现在一群懵懵懂懂、对它毫无体察的无知者面前；要么一群心怀嫉妒的人倒是感到了它的存在，但绝不肯稍作赞语；一部宏大的音乐作品的命运，便大抵如此。在《百科全书》的《序言》里——这倒是一篇值得在本文中引用的文字——达朗贝尔先生说道："在把学习音乐当作一门艺术之后，还应该把欣赏音乐也作为艺术；而我要补充一点，作诗和作画都是艺术，但读诗和看画不必列入艺术之林；在评价某些作品的时候，总是存在着表面上的一致意见，对创作它们的艺术家来说，这当然比感受不一、评价各异要体面一点，不过表面的一致也总是让人扫兴的。"

人们总能分辨出大量各不相同的关系，有些互相加强，有些彼此削弱、中和。根据人们抓住的究竟是全部关系抑或部分关系，对同一个对象的美的感受也会大相迥异，这是我们对美的判断之所以多样化的第二个原因。关系有不确定和确定之分，每当科学或者艺术不把确定某种关系作为自己直接和唯一的目标，我们就会满足于前一种不确定的关系，这样的关系已经足以让我们把某物称作是的。但是，如果一门科学或者艺术恰恰把确定关系作为自己直接的、唯一的目标，那么我们就不但要求关系本身，还会对关系的价值也提出要求，这就是为什么我们会说"美的定理"而不会说"美的公理"，尽管我们也无法否认表达了关系的公理也有其真实的美。假设我来谈论数学，宣称整体大于部分，那么我当然确定无疑地说出了无数关于数量切分的具体命题，然而我丝毫没有说明整体之于部分的优势到底是多少，这几乎就像我说"圆柱体大于它的内切球体，而球体大于它的内切锥体"一样。然而数学直接的、本来的目标，恰恰是要确定一个形体究竟比另一个形体大多少或者小多少，如果有谁证明了圆柱体、球体和锥体之间的大小之比犹如 3/2/1 之比，那他就得出了一条了不起的定理。在这种情况下，蕴含在关系之中的美，将与关系的数量以及发现这些关系的困难程度成复合比例。假如一个定理宣布从等腰三角形的顶点做往下到底边中点的垂线，则此垂线将把三角形的顶角分为两个相等的角，那么这个定理算不上奇妙；但是如果有一条定理宣布，无限接近一条曲线的渐近线永远不会与这条曲线相交，轴线的一部分、曲线的一部分、渐近线及纵坐标的延长线所组成的各个面之间的关系等于某数与某数之比，那么这条定理就是美的。在此情形以及许多类似的情形之下，会有一种与美不无关系的情况：每当一个过去被视为谬误的定理现在已被证明为真的时候，惊讶和关系就会同时起作用。

有一些关系会被我们多多少少视为本质性的，如男人、女人和儿童的身高。我们会说一个儿童很美，尽管他个子矮小，而男人要称得上是美男子，就必须有足够的身高，但对女人，我们对身高的要求会低一些，小个子的女人要称为美女，我们对此的宽容度超过对矮小的男人。在我看来，当我们看待一个对象的时候，不会仅仅根据事物本身，也会着眼于它们在自然、在整全当中所占据的位置；根据我们对这个整全的了解程度的深浅，我们对事物大小所制定的尺度的精确度也会有所不同，但我们永远也不会精确地知道什么时候这种尺度才是正确的。这就是在摹仿艺术中趣味和判断会产生分歧的第三个原因。在大师们看来，这一尺度宁大勿小，但他们并没有完全相同的尺度，他们中间谁也没有得之于天的自然的尺度。

世上的利益、情欲、愚昧、偏见、风俗、气候、习性、政府、信仰和各种事件，总会干扰我们周遭的存在物，或者促使或者阻碍它们唤起我们心中的若干观念；它们也总会泯灭事物之间固有的、最自然不过的关系，并代之以若干反复无常的、偶然的关系。这是我们的判断总是趋于不一致的第四个原因。

人们习惯于从自己技艺和知识的角度来看待问题。我们总是或多或少扮演着古希腊画家阿佩莱斯①故事中鞋匠的角色：尽管我们只懂得鞋子，我们也要评论腿；或者我们只熟悉腿，却要评论鞋子。更有甚者，我们不仅在对艺术作品的判断中狂妄自大，对细节品头论足，而且在判断自然造化时也同样如此。在花园里众多的郁金香中，好奇的赏花人把最美花朵的头衔送给硕大、娇艳、枝叶和品种都不同凡俗的那一朵，可画家一心只关注光线、颜色、明暗以及与他的技艺相关的造型的效果，他根本无视园丁最赞赏的特点，倒可能把不入好奇者法眼的花奉为典范。禀赋和知识的不同是造成判断多样性的第五个原因。

人的心灵有诸般功能：它可以把自己分散接受到的概念再联结起来；可以借助关于对象的概念，在对象之间展开比较；可以观察概念之间的关系；可以根据自己的意愿去扩展或是缩小它所形成的概念；也可以把在它接受到的感知里可能原本已经联结起来的概念拆分开来，将其还原为一个个简单的概念，

---

① Apelle de Cos（前 370—前 306），古希腊画家。根据公元一世纪的罗马作家、历史学家老普林尼（Gaius Plinius Secundus, 23—79）的记载，阿佩莱斯喜欢在展出画作时躲在幕后，好偷听过路人的评论。一天，他听到一个鞋匠批评他的凉鞋画得不好，于是连夜做了修改。鞋匠发现自己的意见受到画家的重视，十分得意，于是又开始评点画上人物的腿，于是阿佩莱斯从幕后走出来喊道："鞋匠，不要评论鞋以上的东西！"

并且个别地来看待它们。心灵的最后这项操作就叫作抽象。对有形状的实体的概念是由诸多不同的简单概念构成的，当这些实体呈现在我们的感官面前时，这些简单的概念就共同作用于我们，形成相应的印象；因此，只有分别地对这些感性概念加以详细说明，我们才能获得关于这些实体的定义。一旦有了这样的定义，就可以在一个人身上激发起关于某个实体的清晰的概念，哪怕这个人实际上并没有直接看到过这个实体；当然，这个现象的前提是，他的感官曾经分别接受过构成相关实体的复合概念的那些简单的概念。但是，如果他缺乏构成这个实体的那些简单概念中的任何一个，并且他也缺少要感知这些简单概念就不可或缺的感官，或者这些感官已经永远地衰败了，那么，就没有任何定义能够在他身上激发起某个未曾被感知过的概念。这就是人们在判断描绘的美的时候意见不一的第六个原因，因为天知道关于同一个对象，他们到底有多少错误的或者模棱两可的概念。

但是说到对精神产品的判断，人们意见相投的程度也高不到哪里去。精神产品都是由符号来表现的，但任何符号都不可能得到足够精确的定义，以确保对其含义宽窄的把握不会因人而异。如果语言词典编纂得足够好，那么逻辑学和形而上学会近于完美，但要实现这样的目标仍有待努力。词语是诗歌和演讲所使用的色彩，既然我们对色彩和它的细腻的变化都不知所措，又如何能够期待在对绘画的判断中能够彼此一致呢？这是造成意见分歧的第七个原因。

不论我们判断的对象具体是什么，教化、教育、偏见或者我们身上某些人为引发的观念，总会激发起对这些对象的欣赏或排斥，这些或正或反的情绪都建立在我们的如下观点上面：这些对象的品质各有其优劣短长，而我们也自有与之相配的感官和官能去感知它们。这是造成我们判断不一的第八个原因。

我们可以确定，同一个对象在不同的人身上会引发不同的简单概念，就像我们看到他们对这个对象各有爱憎。这个道理也表现在情感领域中。对于简单概念，不同的人在同一时刻会有不同的看法，就像同一个人在不同的瞬间也会有不同的主张。我们的感官总是处在连绵不绝的流变之中，今天我们也许目不明，换一天我们也许耳不聪，于是每一天我们都会有不同的视觉和听觉。这就是人的判断总是会有分歧的第九个原因，它解释了为什么一群年龄相当的人或者同一个人在不同的年龄，看事物的眼光会有所不同。

命运无常，最美丽的事物，也可能沾染上最让人不快的观念。再美妙的西班牙葡萄酒，只要饮酒之人同时服用催吐剂，也足以让人讨厌这美酒。面对这杯酒，我们或者会感到恶心，或者不会，这并不取决于我们自己：西班牙葡萄酒本身总是美妙的，但我们身上与之相关的情境条件可以改变。这条门廊总是美丽的，但我的友人在此丧了命。我在一座剧院里被人喝了倒彩，剧院在我眼中可以不失其美，但我每次看到它，耳边还是会响起嘘声；可是，如果我在门廊里见到的只是我垂死的朋友，那我就不能再感觉到它的美了。这就是判断会出现分歧的第十个原因——在这种情境下，分歧是由若干偶然的观念引发的，我们无法把它们与主要的观念剥离开来。

在骑手身后，坐着黑色的忧虑。①

如果我们判断的对象是复合性的，兼备自然的和人工的两种形式，就像在建筑、园林、装饰等领域中一样，那么我们的趣味就建立在另外一种一半理性、一半任意的概念组合上；在这种情况下，只要对象与一个不祥之物的气派、噪音、形状和颜色稍有相似，或者涉及本乡本土的议论、同胞的风俗等等，我们的判断都会受到牵连和影响。出于上述原因，我们会不会把醒目、招摇的艳丽色彩当作虚荣心或者其他偏执的心理状态的流露呢？某些形式是不是在乡下人中间，或者在某些其信仰、职业、性格都让我们厌憎、轻视的人群当中很流行呢？不管我们怎么想，这些概念都会不可避免地依附在颜色和形状的概念上，让我们连带也厌恶起这样的色彩和形状，尽管它们本身毫无可憎可鄙之处。这便是判断出现分歧的第十一个原因。

那么在自然当中，又有什么事物的美能得到所有人的一致赞同呢？是植物的结构？是动物的身体机能？是世界本身？可是，那些对造物主创世时的目的一无所知，因而对世界的整全

———————————

① 参见贺拉斯《颂歌集》，第三部，第一首。

之各个部分之间的关系、秩序、对称、联结感到最深的震撼的人，难道不会基于他们对神的观念，宣布这个"整全"体现了至高无上的美吗？他们把造物主的作品视为一个真正的杰作，难道不是主要因为造物主在创造这个世界时体现出来的力量和意志吗？我们无权仅仅从作者的姓名就推论出作品的完美无缺，但事实上我们的确会对大师的作品赞不绝口，这难道不是世间普遍的情形吗？这幅画出自拉斐尔之手，仅此已经足够。这就是在判断中即便不出现分歧，至少也会出现错误的第十二个原因。

那些纯粹臆想出来的存在物，如斯芬克斯、人鱼、人身羊足的农牧神、牛头人身的怪物弥诺陶洛斯以及理想的人等等，它们的美大概不会引起那么多纷争，这并不奇怪：这些想象出来的存在物事实上是根据我们在现实的存在中观察到的关系组合而成的，但它们必须依据的那个模式分散在自然的各种创造物当中，它无处不在，却又不在任何一处。

不管有哪些原因在我们的判断中造成了分歧，我们切不可据此以为那蕴含在被感知的关系当中的真实的美只是一种幻觉。对这个原则的具体应用可以有千万种偶然的变化，它们足以让批评家评头论足，也可以引发文坛上的论战，但原则本身将始终如一。世上或许没有两个人会在同一个对象中感受到完全相同的关系和程度相等的美，可是如果有一个人不会被任何一种关系所触动，那他就是一个彻头彻尾的蠢人；如果这个人只是对特定类型的关系无动于衷，那就暴露了他缺乏动物身上的某些机能；不过即便如此，有人类中其他更多的个体在，他们的普遍状况会让我们不致陷入怀疑主义。

美不见得总是出自智力上的原因。无论是在被个别看待的事物上面，还是在被比较的若干事物之间，只要世间有运动，它就能经常建立起无数不可思议的关系。对此，自然历史陈列馆为我们提供了大量的例证。至少对我们来说，关系是各种偶然性的联结的产物。在很多情况下，自然在不经意间摹仿了艺术的创造：我们可以设想，一个哲学家在风暴中被抛到一座不知名的荒岛上，他看见地上有若干几何图形，于是就叫喊了起来："勇敢些，朋友们，这里有人的脚印。"他这么喊有没有道理另当别论，可是我们可以思考一下：在存在物当中到底需要有多少关系，才能让人们确信这是艺术家的作品？在什么情况下，对称格局中的一个缺陷，会比全部关系加起来还要说明问题？偶然的因素起作用的时间，在实际产生的结果中被观察到的关系，这二者是怎样的关系？最后，除了万能的造物主的作品之外，有没有这样的情况：无论投掷多少次骰子，也永远不能补偿关系的数量？①

_____

① 对最后一句话的理解可参见《哲学思想录》第二十一条中的文字："偶然产生这个宇宙的可能性是很小的，但掷骰子的次数却是无限的，这就是说，事情纵然困难，但投掷的次数可以绰绰有余地补偿它。"

达朗贝尔的梦 *

周莽/译

* 本文根据安德烈·比利所编《狄德罗作品集》（Diderot，*Oeuvres*，Editions Galli-
mard，1951）译出。

达朗贝尔与狄德罗的谈话

达朗贝尔：一个存在于某个地方却不对应于空间任何一点的存在物①，一个不具有广延性却占据着广延度的存在物，它完全处于这个广延度的每个部分之下，它在本质上与物质不同，却与物质统一，它跟随着物质，让物质运动，自己却不发生运动，它作用于物质，它承受物质的所有变化，一个我对之不具有任何认识的存在物，一个性质如此自相矛盾的存在物，我承认它是难以被人接受的。但是，拒绝它的人将面临别的一些晦暗难明之处，因为你会用感受性来替代这个存在物，如果这种感受性是物质的一种普遍的本质性的品性，那么石头必然会有感觉了。

狄德罗：为什么没有呢？

达朗贝尔：难以相信。

---

① 指有感受力的灵魂。

狄德罗：是啊，对于切割、雕琢、磨碎石头，而听不到石头叫喊的人来说是的。

达朗贝尔：我希望你告诉我，在人与雕像之间，大理石和肉体之间，你做何区分。

狄德罗：我不太区分。人们用肉体做出大理石般的东西，用大理石做出肉体般的东西。

达朗贝尔：但是，两者彼此不同。

狄德罗：就如同你称为活的力量的东西不是死的力量。

达朗贝尔：我听不懂你说的。

狄德罗：我来解释我的意思。将一个物体从一个地方运到另一个地方，这不是运动，这是运动的结果。运动存在于被移动的物体上，同样存在于不动的物体上。

达朗贝尔：这种看问题的方式很新鲜。

狄德罗：这种方式同样是真实的。请解除阻碍不动物体发生位移的障碍，它便会被移动。将这个巨大的橡木树干周边的空气突然抽空，树干含有的水分突然扩张，会将树干粉碎成千万片。对你本人的身体，我也可以讲同样的话。

达朗贝尔：就算是吧。但是，运动与感受力之间有何关系呢？你区分一种活跃的感受力和一种不活跃的感受力，就如同存在一种活的力量和一种死的力量，这是纯属偶然的吗？活的力量通过位移表现出来，死的力量通过压力表现出来，活跃的感受力的特征是动物体上的某些可以注意到的行动，在植物体上也可能有，而不活跃的感受力，我们通过它向活跃感受力状态的转变来确定它。

狄德罗：说得太好了。你说明白了。

达朗贝尔：因此，雕像仅有不活跃的感受力，而人类、动物，甚至或许植物，被赋予一种活跃的感受力。

狄德罗：大理石块与肉体之间无疑存在这种区别，但你看得出来这并非唯一区别。

达朗贝尔：当然。在人与雕像的外部形态之间具有某些相似性，在它们的内部组织之间却没有任何关系。最灵巧的雕塑家的刻刀也雕不出皮肤。存在一种将死的力量转变为活的力量的很简单的手段，那是一种在我们眼前每天重复很多次的经验，但是相反，我不太看得到将一个处于不活跃感受力状态的物体转变到活跃感受力状态。

狄德罗：那是因为你不愿意看到。那是一种如此普通的现象。

达朗贝尔：那么请告诉我这种如此普通的现象是什么呢？

狄德罗：我这就告诉你，既然你想要受到羞辱。每次你吃东西的时候都会发生这现象。

达朗贝尔：每次我吃东西的时候！

狄德罗：是的，在吃东西的时候，你做什么？你解除阻碍食物的活跃感受力的障碍。你将食物吃下，把食物变成肉体，你把食物变成动物，你让食物有了感受力，你对食物所做的，如果我喜欢，也可以对大理石去做。

达朗贝尔：怎么做？

狄德罗：怎么做？我让大理石变得可食用。

达朗贝尔：让大理石变得可食用，我觉得这可不容易。

狄德罗：这是我的事情了，我告诉你怎么做。我拿起你看到的这个雕像，把它放进臼子里，用研磨杵使劲捣……

达朗贝尔：请慢点，这可是法尔科内的杰作啊。如果是于埃或者别人的作品……

狄德罗：法尔科内不会觉得什么。雕像已经付钱了，而且法尔科内不怎么在乎当代人的看重，更不在乎未来的人。

达朗贝尔：好吧，你就研碎吧。

狄德罗：等大理石块变成细得摸不出来的颗粒，我把粉末掺进腐殖土，把它们糅在一起，我给这混合物浇水，沤肥一年、两年，一个世纪。我不在乎时间。当一切都转变为几乎均质的物质，转变为腐殖土，你知道我会做什么？

达朗贝尔：我肯定你不会吃腐殖土。

狄德罗：不会，但在腐殖土与我之间存在一种统一、化合的方式，就像化学家会跟你说的。

达朗贝尔：这种产出的东西是植物吗？

狄德罗：正是。我在里面种上豌豆、蚕豆、白菜和其他蔬菜。植物从土里得到营养，我从植物得到食物。

达朗贝尔：不论真假，我喜欢从大理石到腐殖土，从腐殖土到植物，从植物到动物、到肉体的这种转变。

狄德罗：如同我女儿说的，我将肉体或灵魂变成一种活跃感知的物质。虽然我未解决你提出的问题，至少我接近答案了。因为你会对我承认一块大理石与有感知的生命之间的距离要大于有感知的生命与有思想的生命之间的距离。

达朗贝尔：我同意。即便有这一切，有感知的生命仍旧不是有思想的生命。

狄德罗：在更进一步之前，请允许我讲讲欧洲最重要的一位几何学家的故事。这位神奇的人最初是什么？什么都不是。

达朗贝尔：怎么什么都不是！不能从虚无中生出任何东西的。

狄德罗：你太计较词句了。我的意思是，在他的母亲，美丽而败坏的修女唐森到了青春发育期之前，在军人拉图什成为少年之前，未来构成我的这位几何学家的原始材料的那些分子还分散在两个人年轻脆弱的肉体机器之中，随淋巴液被过滤，随血液循环，直到最后到达会将它们结合起来的容器里，即他父母的生殖腺里。于是，这棵稀有的萌芽形成了，如同大家所认为的，它从输卵管被送到子宫，通过一条长肉茎系在子宫上，不断成长，成为胎儿，到了离开黑暗监牢的时刻，他出生了，被放在圣约翰-勒朗教堂的台阶上，这成为他的名字，是育婴堂给取的。他被一个善良的玻璃匠的妻子卢梭夫人哺育。得到哺乳，他的身体和精神成长，他成为文士、机械师、几何学家①。这是怎么做到的？是通过吃东西和其他纯属机械的行动。可以用下面四句话来总结这个普遍公式：吃，消化，在适当的容器里蒸馏，让人依照才干得到发展。这个向学院陈述关于人和动物的构成的科学进展的人，他所利用的物质因素无非是这样一些，它们相继的结果是不活跃存在，有感知存在，思考的存在，解决春秋分岁差问题的存在②，一个至高的存在，一个神奇的存在，一个衰老、垂死、被分解并且化为腐殖土的存在。

达朗贝尔：你不相信预先存在的萌芽吗？

狄德罗：不。

达朗贝尔：啊！你真让我高兴！

狄德罗：那是有违经验和理性的：从卵和在某个年龄之前的动物体中无益地寻求萌芽是有违经验的。这是有违理性的，理性告诉我们虽然物质的可分性在理解中是没有限度的，但在自然中是具有限度的，理性拒绝认为在一个原子中已经孕育一头完全成形的大象，而在另一个原子中孕育着另一头完全成形的大象，以此类推到无穷。

达朗贝尔：但如果没有这些预先存在的萌芽，那最初的一代动物就不会孕育出来。

狄德罗：之所以先有蛋还是先有鸡的问题让你觉得棘手，

---

① 这是达朗贝尔的故事，他是弃婴，名字为让-勒朗·达朗贝尔。
② 达朗贝尔的贡献。

那是因为你假定动物最初就是它们现在的样子。真是疯狂！我们既不知道它们从前是什么，也不知道它们以后会变成什么。在烂泥里蠕动的微不可见的小虫也许会最终发展成大动物的状态。尺寸让我们害怕的巨大动物也许会最终发展成小虫子的状态，它或许是这个星球的一种独特的暂时的产物。

达朗贝尔：你是怎么说出这番话的？

狄德罗：我正想告诉你……但这会让我们远离我们最初讨论的问题。

达朗贝尔：这有什么关系？我们可以回过头去谈，或者不再回头去谈。

狄德罗：请允许我在时代上往前推几千年。

达朗贝尔：为什么不呢？对于自然来说时间不算什么。

狄德罗：你同意我让太阳熄灭吗？

达朗贝尔：求之不得，这不会是第一个熄灭的太阳。

狄德罗：太阳熄灭，会发生什么？植物会死去，动物会死去，地球变得孤独寂静。请重新点燃这颗恒星，你会立刻恢复产生无尽的新世代的必然原因，在无尽的世代之间，我不敢保证在经过许多世纪之后，我们今日的这些植物、动物是会重新产生，还是不会重新产生。

达朗贝尔：分散开的同一些元素重新汇聚起来为什么不会产生相同的结果呢？

狄德罗：因为一切在自然中都成立，假设一个新现象的人和恢复过去的人都是在重新创造一个新世界。

达朗贝尔：深刻的思想者无法否认这一点。但是，让我们回来谈人，既然普遍秩序想让人类存在，请你记得你跟我谈到从有感受的存在向有思想的存在的转变。

狄德罗：我记得。

达朗贝尔：坦率地说，你逼迫我解决这个问题。我被逼迫着进行思考。

狄德罗：如果我解决不了问题，那么对于一连串无可否认的事实能得出什么结论吗？

达朗贝尔：得不出任何结论，我们还会停在原地。

狄德罗：为了更进一步，我们可以创造一个属性自相矛盾的行动元，一个意义空洞不明的词①吗？

达朗贝尔：不可以。

狄德罗：你能告诉我一个有感受力的存在物相对于其自身而言，它的存在是什么吗？

达朗贝尔：就是从它思考的第一刻起到当下一刻，它意识到它曾经是它自己。

狄德罗：这种意识建立在什么基础上？

达朗贝尔：建立在对行动的记忆上。

狄德罗：如果没有这种记忆呢？

①指上帝。

达朗贝尔：如果没有这种记忆，便丝毫没有它自己，因为如果它只是在印象的一刻感觉到自己的存在，那它就不会拥有关于自己生活的任何历史。那么它的生活就是没有任何东西进行关联的不间断的一系列感受。

狄德罗：很好。记忆是什么？从何产生？

达朗贝尔：记忆来自某种组织，它增长、变弱，有时完全消失。

狄德罗：如果一个有感受力而且具有这种记忆特有的组织的存在物将它接受的那些印象连接起来，通过这种联系构成它生活的历史，获得对自己的意识，那么它就会进行否定，进行肯定，下结论，思考。

达朗贝尔：我觉得是这样。我只有一个困难。

狄德罗：你搞错了，剩下的困难要更多。

达朗贝尔：但有一个主要困难。那就是我觉得我们每一次只能想到一个东西，我不是说要构成巨大的推理链条，理路中包含着成千的想法，而是要构成一个简单的命题，那么必须至少有两样东西在场，对象处于知性的关注之下，而知性在对它定性，进行肯定或否定。

狄德罗：我是这样认为的。有时这让我把我们器官的纤维比作一些有感受力的颤动的琴弦。有感受力的颤动的琴弦在弹拨之后很久仍振动、回响。这种振动，这种必然的回响让对象在场，而知性则考虑应该怎样对它定性。但是颤动的琴弦还有另一种属性，那便是让别的琴弦一起振动。同理，第一个想法唤起第二个想法，这两个想法再唤起第三个，这三个想法再唤起第四个，依次类推，让我们无法确定正在沉思或在沉寂和晦暗中聆听内心的哲学家所唤起的一连串的想法的极限。这种思想的乐器有一些惊人的跳跃，一个被唤起的想法有时候会让一个同样振频的想法颤动起来，它们的音频间隔是让人无法理解的。既然这个现象在一些能发声的、静止的和彼此分开的琴弦之间被人观察到，那么在一些活跃的有关联的点之间，在一些延续的有感受力的纤维之间，这个现象怎么不会发生呢？

达朗贝尔：虽然这不是真的，至少很巧妙。但我们会认为你不知不觉堕入你原想避免的麻烦。

狄德罗：什么麻烦？

达朗贝尔：你是讨厌对两个实体进行区分的。

狄德罗：我对此并不隐瞒。

达朗贝尔：如果你仔细看，你将哲学家的知性变成一个与思想的乐器有区别的存在物，类似聆听琴弦颤动的乐师在判断琴弦的协和音程与不协和音程。

狄德罗：可能是我给了你理由进行这样的反驳，但如果你考虑到哲学家的思想乐器与羽管键琴师的乐器之间的区别，也许就不会这样反驳我了。哲学家的思想乐器是有感受力的，他既是乐师又是乐器。因为有感受力，他对自己发出的声音具有即时的意识；因为是有灵魂的，他对声音有记忆。因为将自身中的声音关联起来，这个思想乐器的官能让它在自身中产生并保存旋律。假设羽管键琴具有感受力和记忆力，请告诉我它是否将学会自己重复你在它的键盘上弹奏的曲子。我们是被赋予了感受力和记忆力的乐器。我们的感官同样是一些键盘，它们被我们周围的自然弹拨着，它们还常常自己奏响；在我看来，这一切同一部像你我一样组织起来的羽管键琴里所发生的事一样。有了一个印象——它的原因在思想乐器的内部或外部；有了一个感受——它是那个印象产生的；这个感受持续下去；不可能设想它是自己产生的，会在微不可分的一瞬间消失。另一个印象接着它而来，它的原因同样在动物体的内部或外部，于是有了第二个感受和一些声音，这些声音用一些自然的或者约定俗成的声音来指定这个感受。

达朗贝尔：我明白。这么说来，如果这部有感受力和灵魂的羽管键琴还被赋予了进食和繁殖的能力，那它就会活下去，自我繁殖或与雌性一起生殖出一些活的有回响的小羽管键琴。

狄德罗：无疑是的。在你看来，燕雀、夜莺、乐师、人类与此有别吗？在金丝雀与调教金丝雀的八音琴之间，你还能找到什么别的区别吗？你看到这个蛋了？我们用它来推翻这世界上所有的神学流派和神庙。这个蛋是什么？在萌芽被引进去之前，它是一团没有感受力的物质；在萌芽引入之后，它又是什么？还是一团没有感受力的物质，因为萌芽本身是一种不活跃的粗糙的流质。这团物质是如何过渡到另一种组织，到感受力，到生命的呢？是通过热量。热量从中产生了什么？产生了运动。运动接连的结果是什么？不要回答我，请坐下，一刻不停地用眼睛跟踪这些结果。首先，一个点振动，一条细线延展，着色；肉体形成；出现喙、翅尖、眼睛、爪子；黄乎乎的物质出现纤维，产生内脏；它变成了一只动物。这只动物移动着，躁动着，叫着。我透过蛋壳听到它的叫声；它的身上覆盖了绒毛；它看见东西了。它的头部在摆动，头的重量不停让它的喙顶在囚牢的内壁；监牢打破了；它从里面出来，它行走，飞动，愤怒，逃跑，靠近，不满，受苦，喜爱，渴望，享乐；它得到你的全部关爱；你所有的行动，它都能做。你还会和笛卡尔一起声称这是一部纯粹的会模仿的机器吗？然而，小孩子们会嘲笑你，哲学家们会回答你说，如果这是部机器，你就是另一部。如果你承认在动物与你之间仅仅存在组织上的区别，那你就表现出了常识和理智，你会是真诚的。然而，我们会从中得出结论，反对你说，用某种不活跃的物质，按照某种方式安排加入另一种不活跃的物质，加以热量和运动，就会得到感受力、生命、记忆力、意识、激情、思想。你只能有两种立场，假设蛋的不活跃物质中有一种隐藏的元素，它等待蛋的发展来显现它的存在；或者假设这种看不到的元素是在发展的某个特定时刻从蛋壳潜入的。但这个元素是什么？它占据空间，还是丝毫不占据空间？不需移动，它是怎么来的，又是怎么走的？它在何处？它在这里或那里做什么？它是在需要的时刻被创造出来的吗？它存在吗？它在等待一个居所吗？它与这个居所是同质的还是异质的？如果是同质的，它便是物质性的；如果是异质的，人们无法设想它在蛋的发展之前的不活跃状态，也无法设想它在得到发展的动物体内的活跃状态。听我说，你会同情你自己，你会感到如果不同意一个可以解释一切的简单假设，即感受力是物质的普遍属性，或者组织的产物，那么你就会拒绝常识，落入故弄玄虚、自相矛盾和荒谬的深渊。

达朗贝尔：一种假设！你大可以这么说。但如果这是一种从本质上与物质不兼容的性质呢？

狄德罗：你从何得知感受力在本质上与物质不兼容呢，既然你不论对物质，还是对感受力，都不了解它们的本质？对运动的属性，对运动在物体上的存在，以及运动从一个物体到另一个物体的传达，你就更加了解了吗？

达朗贝尔：我不假设感受力的属性，也不假设物质的属性，我看到感受力是一种简单性质，是单一的、不可分的，是与一个可分的主体或附属体不兼容的。

狄德罗：这是形而上学与神学的晦涩话语。什么？难道你看不出物质所具有的所有性质，所有可感知形态在本质上都是不可分的吗？不存在什么难以理解的。存在一个圆的物体的一半，不存在圆的属性的一半。存在一定的运动，却不存在一定的运动性。不存在一个头，一只耳朵，一根指头的一半、三分之一、四分之一，也不存在一个思想的一半、三分之一、四分之一。如果在宇宙中没有一个分子与另一个分子相像，在一个分子中没有一个点与另一个点相像，那么你应该同意说原子本身是被赋予一个属性、一种不可分的形态的，你应该同意说分割是与形态的本质不兼容的，既然分割会破坏形态。请当个物理学家吧，在看到一个结果产生的时候，请认可它的产生，虽然你无法弄明白因果联系。请当个逻辑学家，不要用另一个原因来替代一个现在存在而且能解释一切的原因，那另一个原因本身无法设想，而且它与结果的联系更无法设想，它产生无穷多的困难，却解决不了任何困难。

达朗贝尔：但如果我放弃这个原因呢？

狄德罗：在世界上，在人身上，在动物身上仅留下一种物质。调教金丝雀的八音琴是木制的，人是血肉之躯。金丝雀是血肉之躯，乐师属于一种不同的血肉组织，但彼此都有同一个源头、同一种构成，具有同样的功能和同样的归宿。

达朗贝尔：在你的两部羽管键琴之间的声音的一致是如何达成的呢？

狄德罗：动物是与另一个动物绝对相似的一部有感受力的乐器，它被赋予相同的构造，装上相同的琴弦，被快乐、痛苦、饥饿、干渴、绞痛、崇敬、惊骇以相同的方式弹拨着，在端点和轴线上不可能发出不同的声音。所以，在所有死语言和活语言中，你会看到几乎相同的感叹词。和谐的声音的源头必须从需要和邻近中得出。有感受力的乐器或者动物感受到，在发出某个声音时，会继而导出某个结果，其他与它类似的有感受力的乐器或其他类似的动物接近、疏远、请求、供给、伤害、爱抚，这些结果在它或者其他乐器的记忆中与这些声音的形成关联起来。请注意在人的交流中只有声音和行动。要想给予我的体系全部的权威，还请你注意它面临不可克服的困难，与贝克莱提出的反对物理世界存在的困难是同样不可克服的①。存在一个谵狂的时刻，有感受力的羽管键琴认为自己是世上唯一的羽管键琴，宇宙的全部和谐都要体现在它身上。

达朗贝尔：这话题可有很多可说的。

狄德罗：的确。

达朗贝尔：比如，按照你的体系，难以设想我们如何构成逻辑三段论，我们如何得出结论。

狄德罗：因为我们从中得不出任何结论，结论都是从自然得出的。我们所做的只是陈述一些相关联的现象，它们的联系或者必然，或者偶然，这些经验是我们通过经验认知的：在数学、物理学和其他严格科学中是必然的；在道德、政治和其他臆测之学中是偶然的。

达朗贝尔：现象之间的联系的必然性在后者中比前者中要少吗？

狄德罗：不是，但是原因承受着过多我们无法把握的独特

———————————

① 狄德罗反对绝对唯心论。

的变化，让我们无法准确推测其后的结果。一个粗暴的人会因受到辱骂而愤怒，我们对此的确信与我们对一个物体撞击一个比它小的物体会让它运动起来的确信是不同的。

达朗贝尔：类推法呢？

狄德罗：类推法，在最复杂的情况下，只是一种在有感受力的乐器中进行的交叉相乘①。如果某个自然中已知的现象之后跟随着另外某个自然中已知的现象，那么自然所提供的或者模仿着自然被设想出的第三个现象之后的第四个现象是什么呢？如果一个普通战士的长矛有十尺长，那么身高如巨人的埃阿斯的长矛有多长呢？如果我能投出重四磅的石头，那么狄俄墨得斯应该能挪动一大块岩石。诸神的一步和他们的马的一跃的距离应该是依据人们设想的诸神与人类的比例关系。第四根琴弦与其他三根琴弦和谐和成比例，我们的动物所期待的它的声音是在自己内心奏响的，并不总是在自然中能奏出的。这对诗人是无所谓的，并不会因此而不真实。对于哲学家则是另一回事；他必须接着追问自然，自然常常提供给他一个与他的预测完全不同的现象，于是他发觉类推法迷惑了他。

达朗贝尔：告别了，我的朋友，再见，晚安。

狄德罗：你在开玩笑吧。如果我们的谈话没有实在结果，你会在睡梦中想着的。你活该，因为你将不得不同意一些同样

---

① 比例算式。

可笑的假设。

达朗贝尔：你搞错了。我睡下时是怀疑者，醒来时仍会是怀疑者。

狄德罗：怀疑者！会有怀疑者吗？

达朗贝尔：这不又有了一个怀疑者吗？难道你不正要坚持说我不是怀疑者？有谁比我对此更清楚吗？

狄德罗：等一下。

达朗贝尔：你快点，我急着要睡了。

狄德罗：我会简短些。你认为存在哪怕一个曾被人讨论过的问题，关于这个问题的赞成与反对意见，一个人理性的量度是严格相等的吗？

达朗贝尔：没有，那就成了布里丹之驴了①。

狄德罗：这样的话，就不存在怀疑者，既然除了不包含丝毫不确定性的数学问题，在所有其他问题中都有正论和反论。天平永远是不均等的，它不可能不倒向我们认为看起来最真实的那一边。

达朗贝尔：但是，上午，我看到真实在我右边，而下午，它却在我左边。

狄德罗：这意味着你上午是教条的赞成者，下午是教条的反对者。

---

① 布里丹的假设，一只完全理性的驴恰处于两堆等量等质的干草的中间将会饿死，因为它不能对究竟该吃哪一堆干草做出任何理性的决定。

达朗贝尔：那晚上呢，当我回想我的判断的如此迅速的摇摆不定，我会什么都不相信，既不相信上午的，也不相信下午的。

狄德罗：这意味着你不再记得你在其间摇摆不定的两种观点中更倾向哪个。你觉得你的倾向太轻率，无法做出确定的判断，你采取立场，不再处理如此有争议的主题，放弃与他人讨论，不再争执。

达朗贝尔：可能吧。

狄德罗：但是如果有人把你拽到一旁，友好地询问你，让你发自内心地说你觉得这两个立场哪个更容易接受，你会真心觉得难以回答，你会把布里丹之驴的假设当真吗？

达朗贝尔：我认为不会。

狄德罗：好了，我的朋友，如果你真这么想，你会觉得总的说来，我们真正的感情不是那种我们在其中从未发生摇摆的感情，而是我们最习惯于向它回归的感情。

达朗贝尔：我认为你是对的。

狄德罗：我也是。再见，我的朋友，你要记得，你本是尘土，仍要归于尘土。

达朗贝尔：真悲惨。

狄德罗：这也是必然的。哪怕不是长生不死，你给予人类两倍的寿命，你将看到会因此发生什么。

达朗贝尔：你想要什么事情发生？但这跟我有何关系？随便发生什么吧。我想要睡觉，再见。

达朗贝尔的梦

谈话者

达朗贝尔

德·莱斯皮纳斯小姐

博尔德医生

博尔德：好了！有什么新情况？他生病了？

德·莱斯皮纳斯小姐：恐怕是的，他这一夜很不安宁。

博尔德：他醒了？

德·莱斯皮纳斯小姐：还没有。

博尔德（走近床边，给他把脉，按压皮肤）：不会有什么
事的。

德·莱斯皮纳斯小姐：您这么认为？

博尔德：我为我的话负责。脉搏不错，有点弱，皮肤潮
湿，呼吸顺畅。

德·莱斯皮纳斯小姐：不需要对他做什么？

博尔德：什么都不用。

德·莱斯皮纳斯小姐：再好不过，他讨厌吃药。

博尔德：我也是啊。他晚饭吃了什么？

德·莱斯皮纳斯小姐：他什么都不想吃。我不知道他晚上

去哪儿了，但他回来的时候很忧虑。

博尔德：这是不严重的发烧，不会怎么样的。

德·莱斯皮纳斯小姐：回来的时候，他穿上睡袍，戴上睡帽，坐在扶手椅上睡着了。

博尔德：睡眠治百病，但他最好是睡在床上。

德·莱斯皮纳斯小姐：安托万这么跟他说了，他同安托万发火了。对他又拉又拽半个钟头才能让他上床躺下。

博尔德：我每天都这样，可我身体很好。

德·莱斯皮纳斯小姐：他睡下后，没有像平常那样安歇，他平常睡得像孩子一样，而是辗转反侧，伸胳膊踢被子的，还高声说梦话。

博尔德：他说什么？关于几何学的？

德·莱斯皮纳斯小姐：不是，听着像胡话。开始的时候是关于颤动的琴弦与有感受力的纤维的胡言乱语。听起来那么疯狂，我决定整夜守着他，因为不知道该做什么，我把一张小桌子移近他的床边，开始记录我所能捕捉到的梦话。

博尔德：只有您想得出。可以看看吗？

德·莱斯皮纳斯小姐：没问题，如果您能看懂什么的话，我愿意死。

博尔德：也许呢。

德·莱斯皮纳斯小姐：医生，您准备好了吗？

博尔德：好了。

德·莱斯皮纳斯小姐：听着。"一个活的点……不，我搞错了。最初什么都没有，然后一个活的点……在这个活的点上加上另一个，然后再加另一个。通过接连的相加产生一个唯一存在，因为我是唯一，毫无疑问……（在说这话的时候，他触摸自己身体各处。）但是这种统一是如何形成的？（我对他说：唉！我的朋友，这跟你有什么关系？睡吧……他沉默了。安静片刻之后，他重新开始说，好像是在对某个人。）好吧，哲学家，我看到一个集合体，一个由小的有感受力的存在物构成的组织，但是一个动物体！一个整体！一个唯一的体系，具有对自身统一性的意识吗？我不这么看，不，我不这么看……"医生，您听懂什么了吗？

　　博尔德：一清二楚。

　　德·莱斯皮纳斯小姐：您真幸运……"我的困难也许来自某个错误想法。"

　　博尔德：这是您在说话？

　　德·莱斯皮纳斯小姐：不，是做梦的人在说话。

　　博尔德：请继续。

　　德·莱斯皮纳斯小姐：我继续，他在喊他自己名字之后补充说："达朗贝尔，我的朋友，要小心，你所假设的只是具有延续性的并列性。是的，对我说这些，是够机灵的。那么这种延续性如何构成呢？并列性几乎没有延续性。就像一滴水银融入另一滴水银一样，一个有感受力的活的分子融入一个有感受力的活的分子。最初有两滴液体，经过接触只剩下一滴。在同化之前，存在两个分子，在同化之后，只有一个。感受力变成共同体共有的。的确，为什么不呢？通过思想，我沿着动物体纤维区分出任意多的部分，但是这纤维是延续的，唯一的，是的，唯一的。两个同质的、完全同质的分子的接触，形成延续性，这便是统一、一致、结合，是我们所能想象的最完全的同一性。是的，哲学家，如果这些分子是基本的和单纯的。但是，如果它们是集合体，是合成物呢？同样也会进行结合，结果造成同一性和延续性。然后是习惯的作用与反作用。两个活的分子的接触肯定与两团不活跃物质的并列完全不同。让我们略过，略过。人们可能会嘲笑你。但我并不在意。我从来不作结论。但是，让我们重来。我记得，他拿来打比方的是一根纯的金线。那些分子构成一张同质的网，上面加上另一些分子，可能构成另一张网，一种活的物质的组织，一种进行同化的接触，活跃的感受力与不活跃的感受力相互交流，就如同运动；另外，正如他所说的，两个有感受力的分子的接触与两个没有感受力的分子的接触，两者是有区别的。这区别是什么？一种常见的作用和反作用，而这种作用和反作用具有一种特性。一切协力产生出一种仅仅存在于动物体的统一性。说真的，如果这不是真理，也近于真理了。"您在笑，医生。您觉得这些话有意义吗？

博尔德：很多意义。

德·莱斯皮纳斯小姐：那么他没有疯？

博尔德：丝毫没有。

德·莱斯皮纳斯小姐：这番前奏之后，他开始喊叫："德·莱斯皮纳斯小姐！德·莱斯皮纳斯小姐！——您想要什么？——您见过蜂群从蜂窝里跑出来吗？世界，或者说物质的整体，就是一个大蜂窝。您见过这群长着翅膀的小昆虫在树梢形成一串蜂团，彼此用爪子钩在一起吗？这一团是一个存在，一个个体，某种动物体。但这些蜂团彼此相似。是的，如果只接纳一种同质的物质。您见过吗？——是的，我见过。——您见过？——是，我的朋友，我跟您说我见过。——如果其中一只蜜蜂以某种方式去夹同它钩在一起的蜜蜂会发生什么？说说看。——我不知道。——说说看。您不知道，但哲学家很清楚。虽然您从未见过，以后可能见到也可能见不到，但是哲学家会保证说后面那只蜂会接着夹下一只，有多少只蜂，整个蜂群就会有多大的轰动。一切都将动荡起来，搅动起来，改换状况和形态。会响起噪声，微小的叫声。从未见过蜂群处于这样状态的人可能会把蜂群当成有五六十万个头和一百万或一百二十万只翅膀的动物。"那么，医生？

博尔德：好吧，您知道吗，这梦很美，您确实应该把它记录下来。

德·莱斯皮纳斯小姐：您也在做梦吗？

博尔德：才不是呢，我保证大概可以告诉您接下来会是什么。

德·莱斯皮纳斯小姐：我打赌您不能。

博尔德：您打赌。

德·莱斯皮纳斯小姐：是的。

博尔德：如果我说中了呢？

德·莱斯皮纳斯小姐：如果您说中了，我向您保证，我向您保证会认为您是世界上最疯狂的人。

博尔德：看着您的纸，听我说：将这串蜂当作一只动物的人搞错了。但是，小姐，我猜他继续对您说话了。您想要他更好地做出判断？您想把蜂群变成一只单一的动物？请把它们彼此抱着的爪子松开，把它们从并列状态变成延续状态。在蜂群的这种新状态与之前的状态之间肯定有显著不同，现在这是一个整体了，一只唯一的动物，而从前这仅是动物的聚合体。我们所有的器官……

德·莱斯皮纳斯小姐：我们所有的器官！

博尔德：对于从事医学和做过观察的人来说……

德·莱斯皮纳斯小姐：请继续？

博尔德：继续？我们所有的器官只是一些各自不同的动物，延续性的法则让它们处于一种共感状态中，一种统一中，一种整体同一性中。

德·莱斯皮纳斯小姐：我糊涂了。就是这个，几乎逐字都对。现在我可以向全世界保证在一个清醒的医生与一个做梦的

161

哲学家之间没有任何区别。

博尔德：那可不一定。这就是全部内容了吗？

德·莱斯皮纳斯小姐：哦，不，您没猜对。在您或他的那番啰嗦话之后，他对我说："小姐？——我的朋友。——请走近些，再近些，再近些。我有东西要给您。——是什么？——拿着这团蜂，在这儿，您看清楚了。我们做个实验。——什么实验？——拿起您的剪刀，剪刀锋利吗？——锋利极了。——慢慢走近，非常慢，给我把这些蜜蜂分开，小心不要把它们的身体拦腰切断，剪在它们用爪子结合的地方。别怕，您只会让它们受一点伤，不会杀死它们。很好，您跟仙女一样手巧。您看到它们如何各自飞开了？它们一只一只地，两只两只地，三只三只地飞起来。真多啊！您明白我的意思了，明白了吗？——很明白。——假设现在，假设……"说实话，医生，我对记录的内容不太理解。他说话声音很低，这个地方记得很乱，我没法读出来。

博尔德：如果您愿意，我来补足。

德·莱斯皮纳斯小姐：如果您能够。

博尔德：再容易不过了。假设这些蜜蜂如此之小，如此之小，以至于它们的组织是您剪子的刃无法破坏的：不管您怎么分，都不能杀死任何一只，这个由微不可见的蜜蜂构成的整体就会是一只真正的水螅，您只有碾碎它才能破坏它。有延续性的蜂团和并列性的蜂团之间的区别，正是我们、鱼类、虫子、蛇这样的平常的动物与息肉质的动物之间的区别。虽然这一整套理论还应做些修正……（此时，德·莱斯皮纳斯小姐突然站起，拉响拉铃）轻点，轻点，小姐，您会吵醒他，他需要休息。

德·莱斯皮纳斯小姐：我没想到，我昏了头了。（对走进来的仆人说）你们中有谁去过医生家？

仆人：我。

德·莱斯皮纳斯小姐：很久以前吗？

仆人：我是不到一个小时之前从那儿回来的。

德·莱斯皮纳斯小姐：你没拿什么东西去那儿吗？

仆人：什么都没拿。

德·莱斯皮纳斯小姐：没有拿纸？

仆人：没有。

德·莱斯皮纳斯小姐：好吧，你走吧。真奇怪。好吧，医生，我还怀疑他们中有人拿我的草稿给您看过。

博尔德：我向您保证没有。

德·莱斯皮纳斯小姐：医生，现在我知道您的才华了，您会对我大有助益。他的梦还没完呢。

博尔德：再好不过。

德·莱斯皮纳斯小姐：您不觉得厌烦吗？

博尔德：一点也不。

德·莱斯皮纳斯小姐：他继续："好吧，哲学家，您设想出各种水螅，甚至包括水螅人？但是自然没有提供给我们任何这样的东西。"

博尔德：他不知道那两个头部、肩部、背部、臀部和大腿都连在一起的女孩，她们这样子活到二十二岁，然后相隔几分钟死去。他随后说了什么？

德·莱斯皮纳斯小姐：一些疯人院里才能听到的疯话。他说："这曾有过，或者将来会有。而且谁知道在其他行星上事物的状态是怎样的？"

博尔德：或许不应该扯那么远。

德·莱斯皮纳斯小姐："在木星或土星有水螅人！雄性的分裂成雄性，雌性的分裂成雌性，这真有趣。（此时，他开始大笑，让我害怕。）男人分裂成无数原子态的男人，可以像虫卵那样包在纸里，他们吐丝成茧，保持蛹的状态一段时间，咬破茧，变成蝴蝶蜕变出来，形成一个完备的男人社会，是完全由单一个体的碎片构成的王国，这很容易想象。（然后重新大笑。）如果人分裂成无数微小动物似的小人，人们就不那么讨厌死亡了。很容易弥补单个人的损失，应该不会造成什么遗憾。"

博尔德：这种乖张的假设几乎就是各种存活下去的或者未来的动物的真实写照。即便人不分裂为无数的人，他至少分裂为无数微小动物，难以预见这些微小动物未来和最后的变形和组织。谁知道是否孕育着第二代生命，与头一代生命不知隔着多少世纪，不知接连经历了哪些发展。

德·莱斯皮纳斯小姐：您在低声嘟囔什么，医生？

博尔德：没什么，没什么，我也在做梦。小姐，请继续读。

德·莱斯皮纳斯小姐：他接着说："全盘考虑，我更喜欢我们的繁殖方式。哲学家，你知道各处发生的事情，请告诉我，不同部分的分解难道不会形成不同性质的人吗？脑浆、心脏、胸部、足部、手、睾丸等等。哦！这会让道德多么简单！诞生一个男人，一个女人因之而来（医生，请允许我跳过这段），一个温暖的房间，地上是一些小乌贼，它们身上都有标签：战士、法官、哲学家、诗人、廷臣、娼妓、国王。"

博尔德：真好玩，真疯狂。这才叫做梦，这种神游让我看到某些很独特的现象。

德·莱斯皮纳斯小姐：随后他开始嘟囔不知什么种子，在水中浸渍的肉块，他看着相继出生和死去的不同种类的动物。他用右手模仿一个显微镜筒，左手好像在模仿一个瓶口。他通过显微镜往瓶中看，说道："随便伏尔泰怎么说笑，但鳗鱼派约翰·尼达姆是对的[1]。不敢相信我的眼睛，我看到它们了。它们真活跃！"他在瓶子里看到那么多代生命转瞬而过，他把它比作宇宙。他从一滴水中看到世界的历史。他觉得这个想法很伟大，他觉得它完全符合从小物体中研究大天体的合理的哲

---

[1] John Needham（1713—1781），英国博物学家、微生物的发现者，他发现有机体分解成一些类似鳗鱼的微小生物，所以他的绰号是"鳗鱼派"。

学。他说："在尼达姆的水滴中，一切都在一眨眼间发生和逝去。在我们的世界中，同样的现象持续得更久一些，但我们的寿命与永恒相比又算什么？与周围的无限空间相比，这还不如我用针尖挑起的一滴水。原子所孕育的相继的无尽的微小生物，在我们称作地球的另一个原子中孕育着同样相继的无尽的微小生物。谁知道在我们之前有过什么种类的动物？谁知道继我们之后会有什么种类的动物？一切在变化，一切在逝去，剩下的仅仅是整体。世界不断地开始并结束。它每一刻都处于自己的开端和终点。从未有过别的世界，将来也不会有别的。在这个巨大的物质海洋里，没有一个分子与别的分子相似，没有一个分子每时每刻与自己相似：从万物中生出新的秩序，这便是它永恒的铭文。"然后，他微笑着补充："噢，我们的思想多么虚妄！我们的光荣和事业多么可怜！噢，我们的眼界多么可悲与渺小！除了吃喝、活着、爱情和睡眠，什么都没有。德·莱斯皮纳斯小姐，您在哪里？——我在这。"此时，他的脸上红起来。我想试他的脉搏，但我不知道他的手藏在哪里。他似乎感到痉挛。他的嘴半张着，气息急促。他发出一声深深的叹息，然后是一声更弱更深的叹息。他的头转向枕头，睡着了。我仔细看着他，很激动，却不知为什么。我心跳加快，但并不是因为恐惧。几分钟过后，我看到他嘴唇上泛起微笑，他低声说："在人类以鱼类的方式繁殖的行星上，男人的产卵器贴着女人的产卵器，不会有更多遗憾。不应放过任何有用的东西。

小姐，如果能收集到一个小瓶子里，赶一大早寄给尼达姆……"医生，您难道不把这称作失去理性吗？

博尔德：在您这里，当然了。

德·莱斯皮纳斯小姐：在我身旁，或远离我，这都是同一个人呀，您知道自己在说什么吗？我原以为这一夜后面的时间会平静呢。

博尔德：通常会产生这样的效果。

德·莱斯皮纳斯小姐：根本不是。在早上两点钟，他又重新回到他的水滴，他称作微，微……

博尔德：微观世界。

德·莱斯皮纳斯小姐：他用的就是这个词。他崇拜古代哲学家的睿智。他在说话，或者是让他的哲学家说话，我不知是两人中哪一个："当伊壁鸠鲁肯定地说大地包含着一切的萌芽，而动物界是发酵的产物①，如果他提出展示世界之初宏观进行的现象的微观图景，人们会怎样回答他呢？您眼前便是这一图景，它却什么也没有告诉您。谁知道发酵及其产品是否耗尽了？谁知道我们是处在这些动物世代更迭的哪个时刻？在靠近尽头的时候，这仅有四尺高的畸形的两足动物，他仍旧称作人，但如果他的畸形再增加一些，他不久就会失去人这一名称，谁知道他是不是一个即将逝去的物种的图景？谁知道是否

---

① 自然发生论。

所有动物物种均如此？谁知道是否一切正倾向退化为一大堆不活跃的不动的沉积物？谁知道这个不活跃的期限会有多长？谁知道从这么一大堆有感受力的活跃的点中会产生什么新物种？为什么不是唯一一种动物呢？大象在起源时是什么样的？它可能是跟我们眼前一样的巨大动物，也可能是个原子，两者都同样可能；两者仅仅假设物质的多种运动和属性。大象，这团巨大的、有组织的物质，这种发酵的突然的产品！为什么不呢？这种巨大的四足动物与最初孕育它的子宫的联系，比小虫与产生它的面粉分子的联系还小；但小虫只是小虫。也就是说渺小让你看不见它的组织，让人看不到它的神奇。奇迹便是生命，便是感受力。而奇迹不再神奇……当我看到不活跃的物质过渡到有感受力的状态，便没有什么能让我惊奇了。在我掌心开始发酵的少量元素，与大地脏腑中、表面上、大海里、气流中散布的多样元素的储量相比多么微不足道！然而，既然有同样的因，为何不再有果呢？为何我们不再看到公牛用角刺穿大地，双脚抵着大地，努力把笨重的身体挣脱出来？让现存的动物世代逝去吧；让数百万世纪不活跃的巨大的沉积物发生作用吧。要想更新物种，也许需要十倍于它们的存在期限的时间。等等，别忙于对自然的作用下结论。你有两个重要现象，从不活跃状态过渡到有感受力的状态和生物的自然生成，这对你足够了：请从中得出正确的结论，按照无分大小、无分持久和转瞬的事物的秩序，请提防关于转瞬即逝的诡辩。"医生，关于转瞬即逝的诡辩是什么？

博尔德：就是"一个转瞬即逝的生命会认为事物是不变的"的诡辩。

德·莱斯皮纳斯小姐：就像丰特奈尔的玫瑰凭着玫瑰的记忆说没见过一个园丁死去？

博尔德：正是如此。轻浮而深刻。

德·莱斯皮纳斯小姐：你们的哲学家说话为何不能有丰特奈尔的优雅？这样我们就可以听得懂他们。

博尔德：坦率讲，我不知这样轻浮的语气是否适合严肃问题。

德·莱斯皮纳斯小姐：您把什么叫作严肃问题？

博尔德：当然是普遍的感受力，有感觉的生命的形成，它的统一，动物的起源，它们的存在期限，以及相关的所有问题。

德·莱斯皮纳斯小姐：我嘛，我称此为疯狂，睡着的人在睡梦里可以有，一个有理智的人在醒着的时候不应去管。

博尔德：请问为什么？

德·莱斯皮纳斯小姐：因为这些问题中一些是如此明白，没必要去寻求原因，另一些是如此晦涩，人们根本弄不明白，所以所有这些问题纯属无益。

博尔德：小姐，您认为否定或同意最高智慧的存在都是无所谓的吗？

德·莱斯皮纳斯小姐：我不这么认为。

博尔德：您认为人们可以对最高智慧做出判断，而对物质的永恒和属性，对两种实体的区分，对人的天性和动物的产生没有了解吗？

德·莱斯皮纳斯小姐：我不这么认为。

博尔德：所以，这些问题并非您所说的那么无益。

德·莱斯皮纳斯小姐：但如果我无法弄明白，这些问题的重要性又与我何干？

博尔德：如果根本不加审视，您怎么弄明白？我能否请问您觉得非常明白以至于多余去审视的问题是什么？

德·莱斯皮纳斯小姐：比如我的统一、我的自我的问题。当然，我觉得没必要说那么多才知道我是我自己，知道我过去一直是我，我绝不会变成他人。

博尔德：事实无疑是清楚的，但事实的原因并非如此，尤其是在一些人的假设中，这些人仅仅承认一种实体，他们用几种有感受力的分子的相继的结合来解释人和动物的形成。在结合前，每个有感受力的分子都有自我，但它如何丢失自我，如何从所有分子丢失的自我中产生了一个整体的意识呢？

德·莱斯皮纳斯小姐：我觉得接触就够了。这是我做过上百次的实验，但是等等，我要看看床帏里怎么样了。他在睡。当我把手放在腿上，我首先感觉到我的手而不是我的腿，但稍后，当它们彼此热度相同，我就不再感觉到它们。两个部位的界限混同了，它们成为一体。

博尔德：是的，直到有人刺痛您的这个或那个部分，它们的区别又出现了。所以，您的身上存在某种东西，它很清楚刺痛的是您的手还是腿，而这种东西不是您的脚，甚至不是您被刺痛的手，虽然手感到疼，知道手被刺而自己却并不疼的是别的某种东西。

德·莱斯皮纳斯小姐：我认为那是我的头。

博尔德：您的整个头部吗？

德·莱斯皮纳斯小姐：不是，等等，医生，我要用一个比喻来解释我的意思。比喻几乎是女性与诗人的全部理性。请想象一只蜘蛛……

达朗贝尔：谁在那儿？是您吗，德·莱斯皮纳斯小姐？

德·莱斯皮纳斯小姐：安静，安静……（德·莱斯皮纳斯小姐和医生保持安静一段时间，然后德·莱斯皮纳斯小姐低声说）我觉得他又睡着了。

博尔德：不，我觉得我听到了什么声音。

德·莱斯皮纳斯小姐：您是对的。他接着做梦了？

博尔德：我们听听。

达朗贝尔：我为何是这样的？那是因为我必须是这样的。在这里，对，但是在别处呢？在极点呢？在线程中呢？在土星上呢？如果几千里的距离会改变我的种类，那么星球直径的几千米的差距有什么不可改变的呢？如果一切都处在一种整体流动中，就像宇宙景观到处展示给我的那样，那么几百万个世纪的持续与震动有什么不能产生的呢？谁知道土星上有思想、有感受的生物是什么样的？在土星上存在感情和思想吗？为什么不呢？土星上有感受、有思想的生物比我有更多感官吗？如果是这样，啊，土星人多么不幸！感官越多，需求越多。

博尔德：他是对的。器官产生需求，与此相对，需求产生器官！

德·莱斯皮纳斯小姐：医生，您也在说胡话吗？

博尔德：为什么不呢？我曾见到两个残肢渐渐变成两只手臂。

德·莱斯皮纳斯小姐：您撒谎。

博尔德：是真的。但是由于没有得到两只缺少的手臂，我看到两个肩胛骨伸长，发展成钳子，成为两个残肢。

德·莱斯皮纳斯小姐：多么疯狂！

博尔德：这是事实。假设许多代的失去手臂的人，假设存在持续的努力，您将看到小钳子的两侧伸展，越来越长，在后背交叉，重新回到前面，可能会在前端生出手指，重新形成手臂和手。最初的构造可能因为必要性和日常功用而损坏或者得到完善。我们走路那么少，劳作那么少，思考那么多，我肯定人类最后只剩下头部。

德·莱斯皮纳斯小姐：只剩下头部！头部！真是什么都不剩了。我希望拼命献殷勤的……您让我想到一些可笑的想法。

博尔德：安静。

达朗贝尔：所以，我如此，是因为我必须如此。改变整体，你必然改变我。但整体是在不断变化的。人类仅仅是一种普通后果，怪物只是一种稀有后果。两者同样是自然的，同样是必然的，同样符合普遍万有的秩序。这有什么让人吃惊的？所有生命在彼此之中循环，因此所有物种，一切都处于一种永恒的流动之中。任何动物都或多或少是人类。任何矿物都或多或少是植物。任何植物都或多或少是动物。在自然中没有任何明确的东西。卡斯特尔神父①的丝带。对，卡斯特尔神父，这是您的丝带，仅此而已。任何事物都多多少少是随便什么东西，或多或少是土元素，或多或少是水元素，或多或少是风元素，或多或少是火元素。或多或少属于这个界或那个界，所以没有什么是属于一个单个生命本质的。对，无疑如此，既然没有任何属性不或多或少属于某个存在，或多或少具有这种属性，这使得我们把这种属性仅仅赋予某个存在，而不是别的存在。你们谈论个体，可怜的哲学家！放弃你们的个体吧，回答我。自然中存在一个原子与另一个原子完全相似吗？不。你们不同意在自然中一切都是相关的，而在链条中是不可能存在空缺的吗？你们所说的个体是什么意思呢？根本没有个体，没有，根本没有。仅存在唯一一个大个体，那就是整体。在这一

---

① Louis Bertrand Castel（1688—1757），耶稣会士，提出一种视觉的羽键琴，用色彩对应音符，让聋哑人可以看见音乐。

整体中，如同在一部机器里，在任何一种动物体内，存在某个部分被我们称为这个或那个，但是当你给予整体中的这个部分以个体名称，这个概念的虚假如同你用个体名称称呼鸟的翅膀，称呼翅膀上的羽毛。你们谈论本质，可怜的哲学家！放弃你们的本质吧。看看整体吧，如果你们的想象力太狭窄而无法容纳它，那请看看你们的起源和归宿吧。哦，阿契塔①！你曾经测量地球，你现在呢？只是一点骨灰了。一个生命是什么？是一定数量的倾向的总和。我能够成为倾向之外的东西吗？不能，我在走向一个终点。那么物种呢？物种只是一些倾向，这些倾向走向各自特有的一个共同终点。那么生命呢？生命是一系列的作用与反作用。活着的时候，我以肉体的形式行动和做出反应。死去以后，我以分子的形式行动和做出反应。我根本不会死去吗？不会，无疑如此，在这个意义上，我根本不会死去，我不会，任何东西都不会。出生、活着和逝去，这是形式的改变。一种形式或另一种形式有什么要紧？每个形式都有自己特有的幸与不幸。从大象直到跳蚤，从跳蚤直到有感受力的活的分子——这是一切的源头，自然中没有一个点不是同时在受罪和享乐的。

德·莱斯皮纳斯小姐：他不再说话了。

博尔德：他不说了。他做了一次美妙的远游。这属于高超

① Archytas，公元前四世纪古希腊哲学家、数学家、毕达哥拉斯主义者，接受赫拉克利特之见，同意和谐不是没有对立，而是对立之物之间的平衡。

的哲学，此时还是成体系的，我认为人类思想越是进步，这种哲学越会被检验为真理。

德·莱斯皮纳斯小姐：那我们呢，我们说到哪里了？

博尔德：天哪，我都不记得了。我在听他说的时候，想起那么多现象。

德·莱斯皮纳斯小姐：等等，我谈到我的蜘蛛。

博尔德：对，对。

德·莱斯皮纳斯小姐：医生，请您靠近些。请想象一只蜘蛛在它的网中央。请振动一根丝，您会看到它得到警报跑过来。好了！这个虫子从内脏中抽出的丝，它想要的话还可以收回去，这丝是属于它自身的有感受力的部分吗？

博尔德：我明白您的意思。您想象在自己身上某个部分，在您头脑的一角，比如人们称作脑膜的地方，存在一个或几个点，在丝线上激发的所有感受都汇报到那里。

德·莱斯皮纳斯小姐：正是如此。

博尔德：您的想法再正确不过了。但是难道您看不到这跟之前的蜜蜂的蜂团是一回事吗？

德·莱斯皮纳斯小姐：啊！确实。不知不觉我已经做出了通俗讲解。

博尔德：是很好的讲解，您下面会看到。仅仅看到人类出生时的形态，不会对人有任何认识。刚出生的人的头部、足部、手部、所有肢体、所有脏腑、所有器官、鼻子、眼睛、耳朵、心脏、肺、肠、肌肉、骨骼、神经、黏膜，确切地讲，仅仅是一张网的初步发展，这张网正在形成，生长，延伸，投出许多不可见的细丝。

德·莱斯皮纳斯小姐：我说的就是这张网。所有丝的起点就是我的那只蜘蛛。

博尔德：妙极了。

德·莱斯皮纳斯小姐：丝在哪里？蜘蛛处在什么位置？

博尔德：丝到处都是。在您身体表面没有一个点是丝到达不了的。蜘蛛住在您头脑中我给您说过名字的一个部分，就是脑膜，那里是几乎无法触及的，除非让整部机器陷入停顿。

德·莱斯皮纳斯小姐：但如果一个原子让蜘蛛网的一根丝摇动，蜘蛛会警醒起来，焦虑起来，它逃走或跑近。居于中央，它能得到它所织成的这个巨大居所的任何地方发生的情况。为何我不知道在我的身体里或世界上发生的事情，既然我是一些有感受力的点的线团，既然一切作用于我，我作用于一切？

博尔德：这是因为印象随着它们经历的距离而减弱。

德·莱斯皮纳斯小姐：如果有人非常轻地敲一根柱子，而我把耳朵贴在柱子的另一端，我会听到这个声音。这根柱子可能一端在地球，另一端在天狼星，会发生相同的后果。既然一切都是关联的、邻近的，也就是说，柱子真实而且存在，那么为何当我侧耳倾听却听不到在我周围的广袤空间里发生了什么？

博尔德：谁告诉您您没有或多或少听到呢？距离如此遥远，印象如此微弱，在传递路径上受到如此大的干扰，您被如此多样、如此强烈的噪声包围和震动着。因为在您和土星之间仅仅存在一些被并置的天体，而没有必须的延续性。

德·莱斯皮纳斯小姐：真可惜。

博尔德：的确，因为那样的话您就是上帝了。那样的话，通过您与自然万物的同一性，您会了解所发生的一切；通过您的记忆，您会了解曾经发生过的一切。

德·莱斯皮纳斯小姐：那将会发生的事情呢？

博尔德：您会对将来形成一些可信的预测，但有可能出错。就像您力图猜到在您身体内、在您脚尖或手指尖将发生什么。

德·莱斯皮纳斯小姐：谁告诉您这世界没有自己的脑，告诉您在空间的某个角落没有一只或大或小的蜘蛛，而它的丝延伸到一切呢？

博尔德：没有谁，更没有谁告诉我这蜘蛛是否曾经存在或者将会存在。

德·莱斯皮纳斯小姐：这类的上帝如何……

博尔德：这是所能设想出来的唯一类型……

德·莱斯皮纳斯小姐：可能曾经存在，或者将会到来并逝去吗？

博尔德：无疑是的。但既然它是宇宙中的物质，是宇宙的一部分，它会变化，那么它就会衰老，它就会死去。

德·莱斯皮纳斯小姐：我又有了另一个乖张的想法。

博尔德：不用说，我知道。

德·莱斯皮纳斯小姐：让我们看看，那是什么呢？

博尔德：您看到智力是与物质的一些非常活跃的部分结合起来的，而各类可想象的奇迹都是可能的。其他人曾经同您一样这样想过。

德·莱斯皮纳斯小姐：您猜到我的想法了，但我并不因此更尊敬您。您一定是对疯狂情有独钟。

博尔德：好的。但这想法有什么好吓人的呢？这就像是一些好精灵和坏精灵在起作用；自然最恒定的法则被一些自然因子打断；我们的普通物理学因此变得更加困难，但是这里并没有丝毫奇迹。

德·莱斯皮纳斯小姐：实际上，对于肯定或否定的事情，都必须非常谨慎。

博尔德：好了，一个对您讲述这类现象的人，看起来会像个说谎者。但是让我们放下所有这些臆想的生物，您居于无限之网上的蜘蛛除外：让我们回到您的存在和它的形成。

德·莱斯皮纳斯小姐：我同意。

达朗贝尔：小姐，您跟人在一起吗？谁和您在一起？

德·莱斯皮纳斯小姐：是医生。

达朗贝尔：您好，医生。您这么早在这里干吗？

博尔德：您会知道的，睡吧。

达朗贝尔：天哪，我真需要睡眠。我觉得没有比今夜更不安稳的了。我起床前请您不要走。

博尔德：我不会。小姐，我保证您曾以为，在您十二岁时您是个一半大小的女人，在四岁时是又减少一半的女人，在胎儿时是个小女人，在您母亲的腺体里时是个非常小的女人。您曾以为您一直是具有您的形态的女人，只有接连的成长才让现在的您与源头的您不同。

德·莱斯皮纳斯小姐：我同意。

博尔德：没有比这想法更加错误的了。最初，您什么都不是。一开始，您是一个看不见的点，由更小的分子构成，散布在您父母的血液里、淋巴液里。这个点变成一条没有结的线，随后变成一束线。到这时，还不具有您现在这种让人赏心悦目的形态的一丝一毫：您的双眼，这双美丽的眼睛，在那时还不像眼睛呢，如同银莲花的根并不像银莲花。靠着唯一的营养和结构的形成，这束线的每一段都将转变成一个单独的器官：这束线的各段是器官的抽象，它们变形，成为器官。这束线是具有感受力的系统。如果保持这种形式，它能够接受各种纯粹的感受，比如冷、热、温和、严酷。这些接连的印象，彼此不同，彼此强度不同，也许在系统中会产生记忆、自我意识、非常有限的理智。但是，这种单纯的感受力，这种触觉，被各段中产生的器官加以多样化。一段形成耳朵，产生我们称作听觉的一种感官。另一段形成腭，产生我们称作味觉的第二种感官。第三段形成鼻子，形成鼻膜，产生我们称作嗅觉的第三种感官；第四段形成眼睛，产生我们称作视觉的第四种感官。

德·莱斯皮纳斯小姐：如果我的理解不错，那些否认第六种感官，否认真正的雌雄同体的可能性的人是些糊涂人。谁告诉他们自然无法形成一束线，其中一段能产生我们未知的器官呢？

博尔德：或者同时具有标志两个性别的两段线？您是对的。跟您聊天真高兴。您不仅把握了我对您说的话，还从中得出一些结论，其准确性让我吃惊。

德·莱斯皮纳斯小姐：医生，您在鼓励我。

博尔德：不，说实话，我对您说的就是我所想的。

德·莱斯皮纳斯小姐：我看到这束线中一些段的用途。另外一些呢，它们变成什么？

博尔德：您认为您之外的另一个人会想到这问题吗？

德·莱斯皮纳斯小姐：当然。

博尔德：您真的没有虚荣心。器官与身体各部有多少样，其余的段就形成多少样其他种类的感官。

德·莱斯皮纳斯小姐：它们叫什么呢？我从未听说过。

博尔德：它们没有名称。

德·莱斯皮纳斯小姐：为什么呢？

博尔德：因为它们自己激起的感受之间的差别不如其他器官激起的感受之间的差别那么大。

德·莱斯皮纳斯小姐：您当真认为脚、手、腿、肚皮、胃、胸部、肺、心脏具有自己独特的感受吗？

博尔德：我是这样想的。如果我敢这么做，我会问您在这些人们不命名的感受中是否……

德·莱斯皮纳斯小姐：我明白您的意思。没有。那种感受是独特的种类，真可惜。但是您赐予我们的这么多种痛苦多于愉悦的感受有什么理由呢？

博尔德：理由？因为我们大致区别它们。如果无穷多样的触觉不存在，我们知道感受快乐还是痛苦，却不会知道它们来自何处。那样就必须借助视觉。那就不再是感受了，那就是经验和观察了。

德·莱斯皮纳斯小姐：那样的话，当我说我手指疼的时候，如果有人问我为何肯定是手指疼，我就不能回答说我感觉到，而要回答我感到疼，并且看到我的手指病了。

博尔德：正是如此。来让我拥抱您一下。

德·莱斯皮纳斯小姐：我很愿意。

达朗贝尔：您在拥抱小姐。您做得很对。

博尔德：我认真思考过，我觉得震动的方向和地点不足以贸然判断这束线的起源。

德·莱斯皮纳斯小姐：我不肯定。

博尔德：我喜欢您的怀疑。将自然属性当作几乎与我们同样古老的习得的习惯，这是很平常的。

德·莱斯皮纳斯小姐：反之亦然。

博尔德：不管怎样，您看到在涉及动物体的最初形成的这个问题中，对已经形成的动物体加以观察和思考为时已晚。必须回溯到它的雏形，所以要去除您现在的组织，回到您只是一种软的、丝状的、不成形的、蠕虫般的物质的那一刻，它更像植物的球茎或根，而非动物体。

德·莱斯皮纳斯小姐：如果裸体上街是合乎习俗的，服从这样的习俗对我是无所谓的。您随便拿我怎么办吧，只要我能够从中受教。您告诉我这束线的每一根都构成一个单独的器官。对此有什么证据吗？

博尔德：请想象自然有时候的所作所为。切掉这一束里的一根，比如将形成双眼的那一段，您认为会发生什么？

德·莱斯皮纳斯小姐：动物体也许会没有眼睛。

博尔德：或者只有一只眼睛被放在额头中央。

德·莱斯皮纳斯小姐：那就成了独眼巨人。

博尔德：一个独眼巨人。

德·莱斯皮纳斯小姐：所以独眼巨人可能并不是传说中的生物。

博尔德：数量很少，您愿意的话，我让您看一个①。

德·莱斯皮纳斯小姐：这种多样性的成因是什么？

博尔德：解剖这个怪胎的人只找到一个视网膜。请想象自然有时候的所作所为。把这一束的另一根线摘掉，形成鼻子的那一根，动物体将没有鼻子。把形成耳朵的那一根摘掉，动物体将没有耳朵，或者仅有一只，解剖学家在解剖中既找不到嗅觉网膜，也找不到听觉网膜，或者只能找到一个。请继续摘除一些线，动物体将没有头，没有脚，没有手。它的寿命短暂，但它在世上生存过。

德·莱斯皮纳斯小姐：有这样的例子吗？

博尔德：当然。这还不是全部。请把这束线中的一些加倍，动物体将有两个头，四只眼，四个耳朵，三个生殖腺，三只脚，四个手臂，每只手六个手指。扰乱这束线，器官将会移位：头在胸部中央，两肺长在左侧，心脏长在右侧。把两根线贴在一起，器官将会混起来，手臂长在躯干上，大腿、小腿和足聚在一起，您会得到这种能想象的怪物。

德·莱斯皮纳斯小姐：但我觉得一部像动物体这么复杂的机器，它从一个点产生，从一种活跃的流质产生，也许从两种偶然混合的流质产生，因为我们并不太了解我们那时做了什么；这部机器通过接连不断的无穷发展走向完美；这部机器的

---

① 一七六六年曾诞生独眼女婴。

规则的或不规则的形成有赖于一把纤细的、不打结的和可曲折的线，类似一种丝束，丝束里每一根都不能破损、断裂、移位、缺失，否则会对整体造成糟糕的后果，这束丝在它形成的地方要比我的绞丝棒上的丝更容易缠绕变乱。

博尔德：所以，它比人们想象中要经历更多困难。我们解剖得还不够，对它的形成的认识距离真实尚远。

德·莱斯皮纳斯小姐：驼背和瘸子，我们能将其病状归于某种遗传缺陷，除了这些，对于这些源头上造成的畸形有什么重要的例子吗？

博尔德：数不胜数，最近刚刚在巴黎济贫院因胸部肿瘤死去一个木匠，死时二十五岁，他生于特鲁瓦，名叫让-巴蒂斯特·马塞，他的胸腔与腹腔是倒置的，心脏长在右边，而您的心脏是在左边。他的肝在左边，胃、脾、胰脏在右侧。肝脏的主静脉在左侧，它应该是长在肝脏右侧的。沿着整个肠道发生同样的移位。肾脏在腰椎上彼此贴在一起，就像马蹄铁的形状。看过了这个，再来跟我们谈什么目的因吧！

德·莱斯皮纳斯小姐：这真奇特。

博尔德：如果让-巴蒂斯特·马塞结婚，有了孩子……

德·莱斯皮纳斯小姐：那么，医生，这些孩子……

博尔德：他们会遵从普遍的构成。但他们后代中的一些经过上百年的时间，因为这些不规则具有跳跃性，会回到祖先的奇怪构成。

德·莱斯皮纳斯小姐：这些跳跃从何而来？

博尔德：谁知道？要生一个孩子需要两个人，如您所知。可能一个行动元修复了另一个的缺陷，在畸形的后代占据上风、为网的形成制定法则的时候，缺陷的网才再次产生。线束构成所有动物种类的源初的差别。一个物种的线束的多样性造成这个物种的各种各样的畸形。

很长沉默之后，德·莱斯皮纳斯小姐离开遐思的状态，她的提问打断了医生的遐想。

德·莱斯皮纳斯小姐：我有了一个疯狂的想法。

博尔德：什么样的想法？

德·莱斯皮纳斯小姐：男人可能只是女人的畸形，或者女人只是男人的畸形。

博尔德：如果您了解到女性拥有男性的各个部位，存在的唯一的区别就是一个囊翻在外面，一个囊翻进里面，那么您会更早就有这个想法了。一个女性胎儿与男性胎儿相似到让人搞错。产生错误的部位在女性胎儿身上陷下去，内部的囊逐渐延展。它不会消失到失去最初的形态，它保留小型的形态，可以有同样的运动。它是肉欲的驱动力，具有自身的龟头、包皮，人们注意到在它的极端有一个点，似乎曾经是尿道的开口，已经闭合上了。在男性身上，从肛门直到阴囊，即人们称作会阴的中间部位，从阴囊直到阴茎的端点，有一道线，似乎是缝合的女阴。阴蒂过大的女性会长胡子，而宦官没有胡子，但宦官的大腿会变粗，胯骨变宽，膝盖变圆，在丧失男性性征的同时，他们似乎转向女性性征。阿拉伯人中常常骑马而失去睾丸的人会失去胡须，声音变得尖细，穿女装，跟女人一起乘车，蹲下尿尿，假装女人的做派和习惯。我们跑题了。让我们回到我们活跃的有生命的线束。

达朗贝尔：我认为您在对德·莱斯皮纳斯小姐讲一些污言秽语。

博尔德：在进行科学谈话的时候，必须使用技术词汇。

达朗贝尔：您是对的。没有了这些词，就会失去附带的思想，会让科学不可信。请继续，医生。您在对小姐说子宫就是从外面翻到里面去的阴囊，在这一发展中，腺体被抛到包裹它们的囊的外面，分布在体内空腔的左侧和右侧。阴蒂是一个缩小版的男性器官，女性的这个男性器官随着子宫或者翻转的阴囊的伸展而不断缩小，而……

德·莱斯皮纳斯小姐：好了，好了，您住嘴，别掺和我们的事情。

博尔德：您看，小姐，我们所有的感受都仅仅是被多元化的触觉，关于这个问题，应该搁置这张蜘蛛网相继取得的形态，而仅仅关注网本身。

德·莱斯皮纳斯小姐：有感受力的网上的每根丝都可能受伤或者整根被搔动。快感或痛苦在这里或那里，在我长长的蜘蛛腿的某一根的这个或那个地方。我最终总是回到我的蜘蛛上。蜘蛛是所有蜘蛛腿的共同源头，它汇报这个或那个部位上的痛苦或快感，而自己却不承受。

博尔德：构成动物体的统一性的正是所有印象向这个共同源头的持续的不变的汇报。

德·莱斯皮纳斯小姐：构成每个动物体的人生和自我的历史的正是对接连不断的所有印象的记忆。

博尔德：形成思想和推理的正是所有印象之后必然进行的记忆与比较。

德·莱斯皮纳斯小姐：这种比较是在哪里进行的？

博尔德：在网的源头上。

德·莱斯皮纳斯小姐：那网呢？

博尔德：网在源头上不具有任何自己特有的感官：看不到，听不到，也没有苦痛。它被创造，得到营养。它从一种软的、无感受力的、不活跃的物质中生出，这种物质是它的栖息地，它盘踞在上头，倾听着，判断着，宣布着。

德·莱斯皮纳斯小姐：它没有痛苦。

博尔德：丝毫没有。最轻微的压力会暂停它的倾听，动物体堕入死亡状态。停止压力，它恢复功能，动物体复活了。

德·莱斯皮纳斯小姐：您从哪里知道这些的？有人曾偷偷让一个人复活和死去吗？

博尔德：是的。

德·莱斯皮纳斯小姐：怎么做到的？

博尔德：我会告诉您的，这是一件奇怪的事。您可能知道拉佩罗尼，他被叫到一个头部受到重击的病人身边。这个病人感到头部脉搏跳动。外科医生毫不怀疑脑部形成脓肿，刻不容缓。他剃光病人的头发，做颅骨钻孔。钻正好落在脓肿中央。脓已经形成，他排空了脓，用针管清理脓肿。当他向脓肿注射，病人闭上了眼睛，他的四肢没有活动，没有动作，没有丝毫生命迹象。当他把注射物抽回，减轻了注射物的重量和压力，病人重新睁开眼睛，活动着，说着话，有感受，他复活了，他活着。

德·莱斯皮纳斯小姐：真奇特。这个病人痊愈了吗？

博尔德：他痊愈了。治愈后，他考虑，他思想，他推理，他有同样的机敏、同样的理智、同样的洞察力，虽然脑浆少了一部分。

德·莱斯皮纳斯小姐：这位裁判者真是非凡。

博尔德：它有时会搞错。它会有习惯的成见：人们失去了一个肢体，却仍旧能感到那里的疼痛。人们随时可以欺骗它：请交叉起两个手指，去触摸一个小球，它会判断说有两个球。

德·莱斯皮纳斯小姐：那是因为它跟世上所有的裁判者一样，需要经验，没有经验的话，它会把冰的感受当作火的感受。

博尔德：它还做别的事情：它给予个体几乎无尽的大小，或者把它压缩成一个点。

德·莱斯皮纳斯小姐：我不明白您的意思。

博尔德：是什么划定您的真实尺度，划定您的感受力的真正范围？

德·莱斯皮纳斯小姐：是我的视觉和触觉。

博尔德：那是在白天。但在夜间，在黑暗中，尤其是当您梦到某个抽象的东西；甚至白天也是，当您的思想正忙的时候呢？

德·莱斯皮纳斯小姐：什么都没有了。我就像存在于一个点上。我几乎不再是物质的，我仅感到我的思想。对于我，不再有地点，不再有运动，不再有身体，不再有距离，不再有空间；对于我来说宇宙化为乌有，而我对于宇宙来说也是乌有。

博尔德：这便是我们的存在被压缩的最后境界；但我们的存在的理想上的扩张可能是没有边界的。当您的感受力的界限被跨越，或者向内压缩，将您浓缩，或者把您向外扩张，人们不再知道可能变成什么样。

德·莱斯皮纳斯小姐：医生，您是对的。在梦中我曾有多次觉得……

博尔德：痛风病发作的病人觉得……

德·莱斯皮纳斯小姐：我变得巨大。

博尔德：他们的脚触到了天，这就是他们的床。

德·莱斯皮纳斯小姐：觉得我的手臂和腿无限延长，身体其他部分也相应变大。我觉得寓言中的巨人恩克拉多斯只是个小矮子，奥维德笔下手臂长得可以环绕地球的海洋女神安菲特里忒与我相比只是个侏儒。我觉得我爬上天，我抱住整个地球。

博尔德：很好。我呢，我认识一位女子，在她身上发生的现象正好相反。

德·莱斯皮纳斯小姐：什么！她逐渐向自己缩小？

博尔德：缩小到她感到自己跟针一样小：她能看到，能听到，能推理，能判断，她极度恐惧会迷失。再小的物体接近，她都会颤抖。她不敢离开原地。

德·莱斯皮纳斯小姐：真是个奇特的梦，让人气恼，让人不快。

博尔德：她没有做梦。那是一次月经暂停的意外。

德·莱斯皮纳斯小姐：她在这种微不可见的小女人状态下保持很长时间吗？

博尔德：一两个小时，随后她恢复到天然的大小。

德·莱斯皮纳斯小姐：这些奇怪感受的原因是什么？

博尔德：在自然的平静状态，线束上的线具有一种张力，一种调子，一种惯常的能量，划定身体真实或想象的大小。我说真实或想象的，因为这种张力，这种调子，这种能量是可变的，我们的身体并不总是属于同一尺寸。

德·莱斯皮纳斯小姐：所以，在身体上，如同在精神上，我们有可能以为自己比我们本身更大？

博尔德：冷让我们收缩，热让我们膨胀，某个个体可能终生都以为自己比实际上更高或更矮。线束的整体可能进入强烈的兴奋状态，那些线可能直立起来，它们无数的末梢跑出习惯的界限，于是头、脚、其他肢体、身体表面所有的点都被带到广阔的距离，个体会感觉自己是巨大的。如果无感受力、冷漠、不活跃主宰了那些线的末梢，逐渐向线束的源头前进，就会发生相反的现象。

德·莱斯皮纳斯小姐：我想这种扩张无法测量，而那些线的末梢的无感受力、冷漠、不活跃、麻木，在取得某些进展之后会固定下来，停下来……

博尔德：就像拉孔达明①身上发生的，个人感觉像有些球在脚下。

德·莱斯皮纳斯小姐：他存在于他的感受力的范围之外，如果他全面被这种无感觉包围，他就向我们展现为一个死人外表下的小的活人。

博尔德：可以从中得出结论，在源头上，动物体只是一个点，它还不知道它是比这更多的东西。但是让我们回来。

德·莱斯皮纳斯小姐：回到哪里？

博尔德：哪里？回到拉佩罗尼的颅骨钻孔啊。我认为这就是您所要的一个人交替地活着和死去的例子。但还有更好的。

———————————

① Charles-Marie de La Condamine（1701—1774），法国地理学家。

德·莱斯皮纳斯小姐：那能是什么？

博尔德：那是现实版的孪生兄弟卡斯托尔和波吕克斯①。两个孩子，其中一个的生命被另一个的死亡紧随，而后者的生命被前者的死亡紧随。

德·莱斯皮纳斯小姐：噢！真是好故事。这持续了多久？

博尔德：这一存在的寿命是两天，是他们多次交替着共同拥有的两天，所以每个人都有一天的生命和一天的死亡。

德·莱斯皮纳斯小姐：医生，我恐怕您有点滥用我的轻信了。小心点，如果您再次骗我，我就不会再相信您了。

博尔德：您偶尔会读《法兰西公报》吗？

德·莱斯皮纳斯小姐：从来不读，即便这是两位才智之士的杰作。

博尔德：请借阅今年九月四号的那一页，您会看到在拉巴斯唐，在阿勒比教区，诞生了背靠背的两个女婴，她们腰椎的最后几节，她们的臀部和下腹部是共同的。人们无法让一个站着，而不让另一个头向下的。躺下的时候，她们互相看着，她们的大腿在她们的躯干之间曲着，她们的小腿抬着。在下腹部把她们连在一起的共同的中线上，人们分辨出她们的性别，一个的右腿与她姐妹的左腿对应，中间的一个腔洞中有一个小肛门，从那里流出胎粪。

---

① Castor & Pollux，希腊神话中宙斯的孪生儿子。

192

德·莱斯皮纳斯小姐：这真是奇特的种类。

博尔德：她们从人们喂她们的同一个调羹里喝乳汁。如同我告诉您的，她们活了十二小时，一个死过去的时候，另一个活过来，一个死着的时候，另一个活着。一个第一次死去，而另一个第一次活着，是四个小时。接下来的生死交替没这么持久。她们是同时死去的。人们注意到，她们肚脐也交替地突出和陷进去。死过去的那个的肚脐缩回去，而活过来的那个的肚脐突出来。

德·莱斯皮纳斯小姐：对于这种生死交替您怎么看？

博尔德：可能得不出什么能成立的结论。但人们都是透过自己的体系来看问题的，我也不想例外，我的意见是这就是拉佩罗尼的颅骨钻孔现象在两个连体人身上加倍了。两个孩子的网纠缠在一起，她们彼此作用与反应。当其中一个的线束源头占优势的时候，它带动此时陷入昏死的那个孩子的网。如果是后者的网在共同系统中占优势，情况则相反。在拉佩罗尼的颅骨钻孔手术中，压力是由液体的重量从上到下施加的。在拉巴斯唐的双胞胎的例子中，压力是通过一定数量的网丝的扯动从下到上施加的：这个猜想得到肚脐交替突起缩回的支持，活过来的那个肚脐突出，死过去的那个肚脐缩回。

德·莱斯皮纳斯小姐：这真是两个连在一起的灵魂。

博尔德：这是一个动物体，它具有两个感官和两个意识的原则。

德·莱斯皮纳斯小姐：但是她们在同一时间只有唯一一个人的感受。但谁知道如果这个动物体活下来会怎么样呢？

博尔德：经历生命中所有时刻，人们所能想象的最强大的习惯，会在这两个大脑之间建立起怎样的对应关系呢？

德·莱斯皮纳斯小姐：双份的感官，双份的记忆，双份的想象力，双份的专注，生命体的一半在观察、阅读、沉思，而另一半在休息：当她的同伴厌倦的时候，这另一半会接过相同的职能。生命被一个复制的生命体加倍了。

博尔德：有可能；随着时间，自然带来所有可能的东西，它会形成某种奇特的组合。

德·莱斯皮纳斯小姐：与这样的生命体相比，我们会是多么可怜！

博尔德：为什么呢？在单个知性之下已经存在这么多的不确定性、矛盾和疯狂，我不知道如果有了双倍知性会变成怎样。已经十点半了，从城外一直到这里我都能听到病人在叫我。

德·莱斯皮纳斯小姐：如果您不给他看病，他会有危险吗？

博尔德：或许没看上去那么危险。如果在没有我在场的时候自然就不起作用了，那么我和自然一起也不能起作用。没有了自然的话我肯定起不了作用的。

德·莱斯皮纳斯小姐：那您就留下吧。

达朗贝尔：医生，再多说一句，我就让您去看病人。经过了我一生经历的所有变化，或许出生时所带来的分子我现在一个都没有了，那么对于其他人和我自己而言，我如何仍旧保持为我呢？

博尔德：您在梦里跟我们说了。

达朗贝尔：我做梦了吗？

德·莱斯皮纳斯小姐：整夜都在做梦，就像是胡话，所以我早上派人把医生找来了。

达朗贝尔：就是为了几条自己会动的，向蜘蛛发出警报，并让动物说话的蜘蛛腿。那么动物呢，它说了什么？

博尔德：它说，靠着记忆，对于其他人和它自己来说它还是它。我会补充说，这还靠着那些变化更迭的迟缓。如果您一眨眼就从青春走到衰老，您到这世上只是您出生那一刻，那么对于他人和您自己来说您都不是您，对于您来说他人也不是他们。所有关系都被消灭，您一生的整个历史对于我，我一生的历史对于您，都模糊了。对这个拄着杖、眼睛无神、行动困难的人，这个内心比外表更接近他自己的人，您如何能够知道他与之前那个脚步轻盈、能搬动沉重的东西、能够进行最深邃的思考、进行最轻柔和最猛烈的活动的人是同一个人呢？您会不理解您自己的著作，您会认不出您自己，您会认不出任何人，任何人也认不出您。世界的整个场景都会改变。想想吧，出生时的您与年轻时的您之间的差别，要比年轻时的您与突然衰老时的您之间的差别还要小。想想吧，虽然您的诞生与您的青春由一系列不间断的感受相连，但您生命最初的三年从未是您人生的历史。那样的话，既然您的青春直接连着衰老，对于您来说，您的青春会是什么呢？衰老的达朗贝尔对于年轻的达朗贝尔没有丝毫记忆。

德·莱斯皮纳斯小姐：在蜂团中，没有一只蜂有时间取得对整体的意识。

达朗贝尔：您在说什么？

德·莱斯皮纳斯小姐：我的意思是，修道院的精神得以保留，因为修道院是逐渐更新的，但新修士到来，他有成百的老修士教导他同他们一样思考和感受。一只蜜蜂走了，在蜂团中会有另一只接替它，这只蜂立刻就跟上大家了。

达朗贝尔：行了，您的这些修士、蜜蜂、蜂团和修道院太离谱了。

博尔德：不像您认为的那么离谱。如果在动物体中有一种意识，那么就有无限多的意志。每个器官都有自己的意志。

达朗贝尔：您是怎么说的？

博尔德：我说胃想要食物，上腭却不想要，上腭和胃与动物整体的区别在于动物知道它想要什么，而胃和上腭想要却不知道。因为胃或上腭之间就如同人类与野兽之间的关系。蜜蜂丧失了意识，而保留着它们的胃口或意志。纤维是一个简单动物体，人是一个合成动物体。我们把这篇内容留待下次吧。我们需要一个不如突然衰老这样严重的事件来去除人对自己的意识。一个垂死者带着深深的虔诚接受临终圣事，他自控自己的罪过，向妻子请求原谅，拥抱孩子们，叫来朋友们，与医生交谈，对仆人发号施令，他口授自己最后的愿望，整理自己的东西，他做这一切时都具有最健全的判断力、最完全的意识。他病好了，在康复中，丝毫想不到他在病中说过什么或做过什么。生病这段间隔，有时非常漫长，却从他的生命中消失了。甚至在有些例子中，一些人恢复被突然发作的疾病打断的对话或行动。

达朗贝尔：我记得在一次公开报告上，学校的一位满腹经纶的学究被一个他看不起的嘉布遣会修士问倒了。他居然被问倒！被谁？被一个嘉布遣会的！关于什么问题？关于未来的偶然性！关于他思考了一生的普通学问！在什么情形下？当着众人！当着学生的面！于是他失去了荣誉。他的脑子里满是这些想法，因此陷入一种昏睡症，让他失去了他所获得的所有知识。

德·莱斯皮纳斯小姐：这可是一种幸运呢。

达朗贝尔：真的，您是对的。他还有理智，却忘记了一切。人们重新教他说话和认字，他死的时候开始能够非常被动地拼写了。这个人一点不傻，人们甚至认为他有些口才。

德·莱斯皮纳斯小姐：既然医生听了您的故事，他应当也听听我的。一个十八到二十岁之间的青年，我不记得他的名字了……

博尔德：那是温特图尔的一位德·施伦贝格先生。那时，他只有十五到十六岁。

德·莱斯皮纳斯小姐：这个年轻人摔了，头部受到猛烈震荡。

博尔德：您把什么称作猛烈震荡？他从谷仓摔下，头部裂开，六个星期没有意识。

德·莱斯皮纳斯小姐：不管怎样吧，您知道这个意外后来的情况吗？跟您的那位学究一样：他忘记了所知的一切，他回到低龄状态，有了第二次童年，而且持续很长时间。他畏惧而懦弱，喜欢玩玩具。如果他做了坏事，别人训斥他，他会藏到角落里。他会请求去大便和小便。人们教他读写，但我差点忘记告诉您，他还必须重新学习走路。他重新变成成人，一个灵敏的人，他留下一部关于博物学的著作。

博尔德：那是些版画，把苏尔泽关于昆虫的图画雕成木版画，按照林奈的分类系统。我知道这事。发生在苏黎世州，在瑞士，有很多类似的例子。扰乱线束的源头，您就改变了动物体。似乎在那里它是整体的，有时主宰着那些分支，有时被分支主宰。

德·莱斯皮纳斯小姐：于是，动物体处于专制或无政府状态之中。

博尔德：专制中，说得太好了。线束的源头发号施令，剩下的部分服从。动物体是自身的主宰，能控制自己的思想。

德·莱斯皮纳斯小姐：处于无政府状态，网上的所有丝都起来反对它们的首领，后者不再有至高权威。

博尔德：真妙。在激情澎湃时，在谵狂中，在危险迫近时，如果主宰者将属下所有的力量指向一个点，那么最弱小的动物也会显示出难以相信的力量。

德·莱斯皮纳斯小姐：在神志不清中，类似无政府状态，那让我们觉得如此奇特。

博尔德：那是弱的治理的图景，每个人赋予自己主宰者的权威。我只知道一种治疗方法，困难，但有效。因为有感受力的网的源头，即这个构成自我的部分，它可能受到意志强烈的驱动力的感染，去收复自己的权威。

德·莱斯皮纳斯小姐：会有什么结果？

博尔德：结果或者是它恢复了权威，或者是动物体死亡。如果有时间，我可以告诉您关于这个的两件奇特的事。

德·莱斯皮纳斯小姐：但是，医生，您巡诊的时间已经过了，病人不再等您了。

博尔德：只有在没事情做的时候才能到您这来，因为不知道什么时候才能脱身。

德·莱斯皮纳斯小姐：您抱怨得有理，但您的故事呢？

博尔德：今天就讲这一个吧：在产后，一个女人堕入神志不清的状态。不自主地哭泣，喊叫，喘不过气，发生痉挛，胸部胀，沮丧的沉默，发出尖叫，要多糟有多糟。这持续了几年。她当时处于激情的爱恋中，她认为她的情人厌倦了她的病，开始疏远。于是，她决定要么治愈，要么死掉。在她身上开始了内战，有时是主宰获胜，有时是臣属。有时，网上的线的作用与它们的源头的作用相抵，她像是死了。人们把她放在床上，她待在那里几个小时没有活动，几乎没有生命。另一些时候，她摆脱这种状态，倦怠、衰弱，似乎会最终死去。她在这种斗争状态中坚持了六个月。反抗总是从丝线开始，她感到反抗的来临。在最初的征兆时，她站起来，奔跑，做最激烈的运动。她上下楼梯，锯木头，锄地。她的意志的器官——线束的源头强撑着，她心里说：胜利或者死亡。经过无数的胜利和失败，首领保持主宰，下属们变得服从，结果虽然这个女子经历了各种家里的困苦，经历了各种疾病，但她不再神志不清了。

德·莱斯皮纳斯小姐：真勇敢，但我认为我也会这么做。

博尔德：那是因为您爱的时候就全心爱，因为您坚定。

德·莱斯皮纳斯小姐：我明白了。如果因为教育、习惯或组织，线束的源头主导那些线，那么人就坚定。相反，如果它受到主宰，人就软弱。

博尔德：从中还能得出其他许多结论。

德·莱斯皮纳斯小姐：讲您的另一个故事吧，之后再得出结论。

博尔德：一个年轻女子走上歧途。一天，她决定拒绝寻欢作乐。她变得独自一人，忧郁而神志不清。她叫我去看病。我建议她穿上农妇的衣服，整天去锄地，睡在草秸上，吃硬面包。她不喜欢这套生活制度。我对她说，去旅行吧。她周游了欧洲，在旅行中恢复了健康。

德·莱斯皮纳斯小姐：您刚才想讲的不是这个。没关系，我们看看您的结论吧。

博尔德：那可说不完了。

德·莱斯皮纳斯小姐：再好不过。说说看。

博尔德：我可没有勇气。

德·莱斯皮纳斯小姐：为什么呢？

博尔德：我们这样子谈话，泛谈到一切，却没有一处深入。

德·莱斯皮纳斯小姐：有什么关系？我们不是在作文章，我们是在聊天。

博尔德：比方说，如果线束的源头将所有力量都引向它，整个体系都在反向运动，如同深度冥想的人、认为看到天堂大门敞开的宗教狂、在火把间歌唱的野蛮人身上多发生的，他们处于出神的状态，处于自愿或不自愿的神经错乱状态……

德·莱斯皮纳斯小姐：会怎样呢？

博尔德：那样，动物体会变得无动于衷，它只存在于一点。我没见过圣奥古斯丁谈到的那位加拉马①的神父，他神经

---

① Calama，即努米底亚，在今北非阿尔及利亚和突尼斯。

错乱，以至于感受不到燃烧的炭。我没见过火刑架上的野蛮人对着敌人笑，辱骂他们，提议敌人给自己比火刑更美妙的折磨。我没见过角斗场里的角斗士在咽气的时候回想起角斗术的优雅和教益。但是我相信所有这些事，因为我曾经看到过，亲眼看到过，与这些同样非凡的效果。

德·莱斯皮纳斯小姐：医生，给我讲讲。我就像孩子，我喜欢神奇的事，但这些事是为人类增光的，我就很少去计较它们是否真实。

博尔德：在香槟省有一个小城，朗格尔，那里有个善良的神父，叫勒莫尼或德莫尼，饱学关于宗教的真理。他的膀胱结石发作，要开刀。日子确定了，外科医生、医生的助手和我，我们来到他家。他面色平静地接待我们，脱掉衣服，躺下，我们想把他捆起来，他拒绝了。他说："把我摆好适当的姿势就行了。"我们把他摆好姿势。此时，他要人拿来他床脚上方的一个大的带耶稣像的十字架，我们给了他，他抱着十字架，把它贴在嘴上。我们进行手术，他一动不动，既没有眼泪，也没有呻吟，他的结石被拿掉，他都一无所知。

德·莱斯皮纳斯小姐：这真美。在这之后，您就怀疑被人用石头砸碎胸骨的圣徒真的看到天堂大门开启了。

博尔德：您知道耳朵疼是怎么回事吗？

德·莱斯皮纳斯小姐：不知道。

博尔德：最好不知道。那是所有疼痛中最难忍的。

德·莱斯皮纳斯小姐：比我经历的最严重的牙疼还要疼吗？

博尔德：牙疼根本没法比。您的一位哲学家朋友被耳朵疼折磨了两星期，一天早上他对妻子说：我觉得没勇气活过今天了。他认为唯一的办法就是人为地忽略疼痛。渐渐地，他如此投入一个玄学或几何学问题，他忘记了自己的耳朵。有人给他把吃的东西拿来，他吃的时候无知无觉。直到就寝的时间他都没感觉疼痛。当思想的集中停止，可怕的疼痛就恢复了，而且是前所未有的疼痛，要么是因为疲倦加剧疼痛，要么是虚弱让疼痛更难以忍受。

德·莱斯皮纳斯小姐：经历这种状态之后，的确应该是筋疲力尽了。达朗贝尔有时会出现这种情况。

博尔德：这很危险。让他多加小心。

德·莱斯皮纳斯小姐：我不停地跟他这么说，可他不当一回事。

博尔德：他已经不能主宰。这是他的人生。他会因此死掉的。

德·莱斯皮纳斯小姐：这判决让我害怕。

博尔德：这种疲倦，这种厌倦，证明了什么？证明线束上的线没有闲着，在整个系统中有朝向中心的一种强烈张力。

德·莱斯皮纳斯小姐：如果这种强烈的张力或倾向持续下去呢，如果它们变成习惯性的呢？

博尔德：那就会成为线束源头的习惯动作。动物体疯狂，疯狂到几乎无法可医。

德·莱斯皮纳斯小姐：为什么呢？

博尔德：线束源头的习惯动作，与线的习惯动作不同。头可以指挥脚，但是脚不能指挥头。源头可以指挥一根线，一根线却不能指挥源头。

德·莱斯皮纳斯小姐：区别呢，请说说？为何我的全身不能都思考？我早该想到这个问题了。

博尔德：那是因为意识仅仅存在于一个地方。

德·莱斯皮纳斯小姐：结论真快。

博尔德：因为意识只可能在一个地方，处于所有感受的共同的中心，记忆力在那里，比较在那里进行。每根线只能有一定数量的相继的、孤立的、没有记忆的印象和感受。源头却可以有所有感受，它记录这些感受，保留其记忆或持续的感受，动物体在形成之初就被引导着自动将它们向源头汇集，完全固定在那里，存在于那里。

德·莱斯皮纳斯小姐：如果我的手指能有记忆呢？

博尔德：您的手指就会思考。

德·莱斯皮纳斯小姐：记忆是什么？

博尔德：记忆是中央的属性，是线束源头的特殊感官，就像视觉是眼睛的感官。记忆不在眼睛里，就像视觉不在耳朵里，没什么好奇怪的。

德·莱斯皮纳斯小姐：医生，您回避了我的问题，没有完善地作答。

博尔德：我不回避什么，我告诉您我所知道的，我只知道我了解线束源头的组织以及那些线的组织，我能够观察到这种组织，此外我不了解更多的东西了。但是，虽然我对独特现象的了解薄弱，但相反在普遍现象上胜了一筹。

德·莱斯皮纳斯小姐：这些普遍现象是什么？

博尔德：理性、判断、想象、疯狂、愚蠢、残忍、本能。

德·莱斯皮纳斯小姐：我明白了。所有品性只是线束源头与各分支通过习惯订立的，或者是它们最初的关系的后果。

博尔德：妙极了。如果原则或主干相对于分支来说太有活力呢？由此产生诗人、艺术家、富有想象力的人、胆怯的人、狂热的人、疯癫的人。对于它们太软弱呢？由此产生我们称作畜生的人，凶残的动物。如果整个系统又松又软，没有活力呢？由此产生一些傻瓜。如果整个系统有活力，很协调，很有条理呢？由此产生优秀的思想家、哲学家、智者。

德·莱斯皮纳斯小姐：依照占主导的分支的不同，本能在各种动物体上多样化，天分在人们身上多样化。狗有好的嗅觉，鱼有好的听觉，鹰有好的视觉。达朗贝尔是几何学家，沃康松是机械专家，格雷特里是音乐家，伏尔泰是诗人。在他们身上线束的一段比其他的线，比同类中相同的一段线更加有活力，于是造成多样的后果。

博尔德：还有习惯占主导的。有爱慕女子的老年人，而伏尔泰仍在创作悲剧。

此时，医生开始遐想，德·莱斯皮纳斯小姐对他说：医生，您走神了。

博尔德：确实。

德·莱斯皮纳斯小姐：您想到了什么？

博尔德：是关于伏尔泰。

德·莱斯皮纳斯小姐：是吗？

博尔德：我在想伟人们是如何造就的？

德·莱斯皮纳斯小姐：他们是怎样造就的？

博尔德：怎样？感受力……

德·莱斯皮纳斯小姐：感受力？

博尔德：或者说网上某些线的极端机动性是平庸者的主导特性。

德·莱斯皮纳斯小姐：啊！医生，这么说太过分了。

博尔德：我料到您会这么说。敏感的人是什么？即一个任凭脑膜处置的人。一句感人的话到了耳朵，一个独特现象到了眼睛，于是立刻有了内心的骚动，线束上所有线都活跃起来，战栗传播开来，恐怖摄人，泪水流淌，哭声哽咽，一时不能发出声音，线束的源头不知事情如何了，于是不再有冷静，不再有判断，不再有分寸，不再有办法。

德·莱斯皮纳斯小姐：我觉得这是在说我。

博尔德：伟大的人如果不幸有这样的先天格局，他会不懈地削弱它，战胜它，让自己成为自己行动的主宰，在线束的源头加以完全控制。于是，在最大的危险中，他会控制自我，冷静而健全地判断。他不会错过任何有助于看问题、有助于达成目标的东西。很难让他感到吃惊，他还有四十五年的时间，他会成为伟大的国王、伟大的部长、伟大的政治家、伟大的诗人、伟大的音乐家、伟大的医生。他主宰自己，主宰自己周围的一切。他不会担心死亡、恐惧。就像斯多葛派的隽语说的，对死亡的畏惧是一个把手，强壮的人用这个把手把软弱的人拉去任何他想去的地方。他已经打碎了把手，随之从这世界的所有专制中解放出来。敏感的人或者疯子们在舞台上，他则在观众席，他才是智者。

德·莱斯皮纳斯小姐：我希望上帝不要给我这种智者的社会。

博尔德：正是因为您不曾努力像这样的智者，您才会交替地感到强烈的苦痛与快乐，您才一生都又笑又哭，您才永远只是个孩子。

德·莱斯皮纳斯小姐：我认命了。

博尔德：您指望这样会更幸福吗？

德·莱斯皮纳斯小姐：说不好。

博尔德：小姐，人们如此看重的这种品质，它达不到什么伟大的东西，而且对它大力奉行起来几乎总是伴随着痛苦，不出力的奉行它则伴随着无聊。要么打哈欠，要么沉醉。无节制地沉浸在甜美音乐的美妙感受，沉浸在悲怆场景的魅力中，您的脑膜收紧，愉悦过去，只剩下一种压抑感持续整晚。

德·莱斯皮纳斯小姐：但如果我只有在这种条件下才能享受美妙的音乐，才能享受感人的戏剧场景呢？

博尔德：谬误。我同意懂得享受，懂得欣赏，而我从不感到痛苦，腹痛除外。我有纯粹的愉悦。我对之进行严格审查，我的称赞是更大的褒奖，更加审慎。有哪一出蹩脚悲剧适合您这样多变的灵魂？在阅读的时候，您有多少次为您看戏时的感动而觉得脸红，而反过来在看戏的时候呢？

德·莱斯皮纳斯小姐：我有时会这样。

博尔德：所以不应该由像您这样敏感的人去说这是真的，是善的，是美的，而是由像我这样淡泊冷静的人来说。让我们来加强那个网的源头，这是最值得我们做的。您知道生命存在于那里吗？

德·莱斯皮纳斯小姐：生命！医生，这可是重大的事。

博尔德：是的，生命。人人都会偶尔有厌世的时刻。一个事件便足以产生这种不自觉的习惯的感受。于是，尽管有消遣、各种娱乐、朋友的建议、自身的努力，那些线固执地将不幸的振动带到线束的源头。不幸的人徒劳地挣扎，宇宙的景观对于他却暗淡下去。他带着一系列挥之不去的悲惨想法向前走，最终自我解脱。

德·莱斯皮纳斯小姐：医生，您让我害怕。

达朗贝尔（起身，穿着睡袍，戴着睡帽）：那么对睡眠呢，医生，您怎么看？这是个好事情。

博尔德：睡眠，要么是倦意，要么是习惯，整个网在这种状态中松弛下来，保持不动。如同在疾病中，在睡眠状态，网上的每根线都活跃着、动着，向它们共同的源头输送大量感受，这些感受通常是分散的，不连贯的，混乱的。另一些时候，感受如此紧密关联，如此延续，如此有条理，不输于醒着的人的理智、雄辩、想象力。有时候，感受如此强烈，如此活跃，以至于醒来的人不能肯定梦境是否真实。

德·莱斯皮纳斯小姐：所以，睡眠是？

博尔德：是动物体的一种状态，在这种状态下不再有整体：所有协调，所有从属关系都停下来。主人被附庸摆布，被他自身活动的无节制的能量支配。视觉的线动起来，网的源头看到了。如果是听觉的线呼唤它，它就会听到。行动与反应是它们之间仅存的东西。这是中心的属性、延续性的法则和习惯造成的结果。如果行动从自然安排给爱的快感和种族延续的控制肉欲的线开始，那么所爱的对象唤起的形象就是线束源头做出反应的结果。如果相反，这种形象首先是在线束源头被唤起，那么肉欲线的张力、精液的活跃和泄流将是反应的后果。

达朗贝尔：因此有从下而上的梦和从上而下的梦。我今晚做了一个从下而上的梦：至于具体的路线，我不知道了。

博尔德：在清醒状态，网服从于外部对象的印象。在睡眠状态，在网中发生的一切来自对它自身感受力的运用。在梦中是没有走神的，梦的强烈感由此而来：几乎总是紧跟在极度兴奋之后，是短暂的病态。此时，网的源头交替活跃与消极，有无穷的方式：由此产生它的无序。在那里，概念的关联和区分有时同暴露在自然场景之下的动物体中一样。那只是对自然场景的重现：由此产生它的真实感，因此不可能与清醒的状态区分开来。这些状态与清醒状态的可能性同样大，只有靠实验才能分辨谬误。

德·莱斯皮纳斯小姐：总是可以进行实验的吗？

博尔德：不是的。

德·莱斯皮纳斯小姐：如果梦提供给我一个失去的朋友的显灵，如同这个朋友在世一样真，如果他对我说话，而我听到，如果我摸他，他在我的手上有实体的感觉，如果我醒来时，我的心里充满柔情和痛苦，我的双眼满是泪水，如果我的手臂还伸向他显现的地方，那么有谁能告诉我没有真的看到他，听到他，碰到他？

博尔德：他当下的不在场可以告诉您。如果不能分别睡眠与觉醒，谁能估量它们的持续时间呢？宁静，这是睡下与起床时刻之间的一个隐去的间隔。不安，它有时持续几年。在前一种情况下，至少自我意识完全停下了。一个从未做过、而且永远不会再做的梦，您能告诉我吗？

德·莱斯皮纳斯小姐：是啊，那样就是另一个人了。

达朗贝尔：在后一种情况下，人们不仅有自我意识，而且还有对自己的意志与自由的意识。做梦的人的这种意志是什么，这种自由是什么？

博尔德：是什么？是与清醒的人的意志相同的东西，是欲望和反感的最后冲动，是人们从诞生到当前经历过的一切的最后结果。我打赌最没有束缚的头脑也看不出哪怕最小的区别。

达朗贝尔：您这么认为？

博尔德：是您向我提出这个问题的！您进行了一些深刻的思辨，您一生三分之二的时间都在睁着眼睛做梦，没有意愿却做出行动。是的，没有意愿，醒着的时候比梦里意愿更少。在您的梦里，您在指挥，在命令，人们服从您；您满意或不满，您感到自我矛盾，发现障碍，您恼火，您爱慕，您憎恨，您谴责，您赞成，您否认，您哭泣，您来来往往。在您的冥想中，早上刚睁开眼就重新拾起昨天的想法，您穿衣服，坐在桌前，沉思，画图，进行计算，您吃饭，您继续计算，有时您离开餐桌去验算；您跟别人说话，对仆人下命令，您叹气，躺下睡觉，没有任何意愿就睡着。您只是一个点；您行动，却不曾有意愿。这是自己真的想要吗？意愿总是产生于某个内部或外部驱动力，某种当下的印象，某种对过去的回忆，某种激情，某种对未来的计划。说过这些，关于自由，我只告诉您一句话，我们最后的行动是一个唯一原因的必然后果：那就是我们，非常复杂，却是唯一的。

德·莱斯皮纳斯小姐：必然的？

博尔德：无疑是的。请努力设想另一个行动的产生，假设行动者是同一个。

德·莱斯皮纳斯小姐：他是对的。既然我这样行动，那么能够别样行动的就不再是我。肯定在我做或说某件事的时候我能够做或说另一件事，就是肯定我既是我，又是另一个人。但是，医生，邪恶与美德呢？美德，这个在一切语言中如此神圣的词，这个在各个民族中如此神圣的观念！

博尔德：应当把美德这个词转变为行善，把它的反义词转变为作恶。人们的诞生幸或不幸；人们被整体的洪流裹挟，把幸运者导向光荣，把不幸者导向无耻。

德·莱斯皮纳斯小姐：那么自尊、羞耻和悔恨呢？

博尔德：这是建立在无知之上的幼稚想法，是人的虚荣心，他将一个必然性的瞬间归于自己的功或过。

德·莱斯皮纳斯小姐：那么报偿与惩罚呢？

博尔德：这是一些手段，用来纠正人们称为恶人的可以改变的人，鼓励人们称为善人的人。

德·莱斯皮纳斯小姐：这一整套教义难道没有危险之处吗？

博尔德：这教义是真还是假？

德·莱斯皮纳斯小姐：我认为是真的。

博尔德：也就是说，您认为谎言具有优点，真理具有缺点。

德·莱斯皮纳斯小姐：我这么认为。

博尔德：我也是。但是，谎言的优点只是一时的，而真理的优点是永恒的。真理的让人不快的系列后果，如果有的话，会很快过去，而谎言的恶果却只能随着谎言结束才终结。请审视谎言在人的头脑中的后果，以及谎言在人的行为中的后果。在头脑中，要么谎言凑合着跟真理连在一起，而头脑是虚假的；要么谎言有条理地跟谎言连在一起，而头脑是谬误的。对于推理不连贯的头脑，或者前后连贯却陷入谬误的头脑，您能指望它做出什么行为呢？

德·莱斯皮纳斯小姐：有条理的谎言，不那么让人蔑视，但也许它比没条理的谎言更让人害怕。

达朗贝尔：很好。现在一切回到感受力、记忆、有机运动了。我同意。但是想象力呢？抽象呢？

博尔德：想象力……

德·莱斯皮纳斯小姐：等一下，医生，我们投降吧。依照您的原则，我觉得，在一系列纯粹机械的手术之后，我可以将地球上最杰出的天才化为一团没有组织的肉体，我们只留给它当下的感受力，我可以把处于人们所能想象的最愚蠢状态的形状不定的这一团东西带回到天才的状态。这两个现象中的前一个在于切除最初的线束上一定数量的线，把剩下的线搅乱；而相反的现象则是恢复线束上摘除的线，任由一切得到幸运的发展。举例说：我摘掉牛顿的两根听觉线，他便不再有声音的感受；摘掉嗅觉的线，他便不再有气味感受；摘掉视觉线，他便不再有颜色感受；摘掉腭部的线，他便不再有味觉；我消灭或搅乱其他的线，便不再有大脑的组织，不再有记忆力、判断、欲望、反感、激情、意志、自我意识，就成了不定形状的一团东西，它仅保留生命和感受力。

博尔德：这是几乎相同的两个属性：生命是集合体意义的，感受力是元素意义的。

德·莱斯皮纳斯小姐：我重新回到这一团东西，我恢复它的嗅觉线，它闻到了；恢复听觉线，它听到了；恢复视觉线，它看到了；恢复腭部的线，它尝到味道。梳理线束其余部分，让其他线可以发展，我看到记忆力、比较能力、判断力、理性、欲望、反感、激情、天赋、才干重生，我重又看到那个天才，不借助于任何异质的不能分辨的行动元。

博尔德：妙极了。您到此为止吧，多余的都是胡话了……但是抽象呢？想象力呢？想象力就是形态与颜色的记忆。观看一个场面、一个物体，必然以某种方式给有感受力的乐器上发条，它要么是自己上发条，要么是由于外部原因。于是，它在内部颤抖，或者在外部回响；它默念接收到的印象，或者用一些适当的声音把它们发出去。

达朗贝尔：这叙述夸大其词，忽略一些具体情况，又添加上一些，歪曲事实或者美化事实，那些邻近的乐器感受到共鸣乐器的感受，而不是感受所发生的事情。

博尔德：确实。这叙述是历史性或诗性的。

达朗贝尔：但这种诗意或这种谎言是怎么进入叙述中的？

博尔德：借助彼此联想的想法，它们彼此联想，因为它们总是被联系在一起。如果您可以把动物体比作羽管键琴，那您就应该允许我把诗人的叙述比作歌唱。

达朗贝尔：这很公平。

博尔德：在所有歌唱中都有音阶。这个音阶有自己的间隔。每一根弦都有自己的和弦，这些和弦又有各自的和弦。这样就在旋律中引入一些临时的转调，歌唱被美化，被拉长。事实是，一个既定的动机可以被音乐剧用自己的方式来感受。

德·莱斯皮纳斯小姐：为什么用这种譬喻风格来搅乱问题呢？我会说，每个人都有自己的眼睛，每个人看到并讲述的都不同。每个想法都唤起其他一些想法，依据各自智力与个性不同，人们止步于严格再现现实的想法，或者从中引入那些联想到的想法；在这些想法之间有选择的作用；如果把这个主题深究到底，就可以写厚厚一本书。

达朗贝尔：您是对的。但我仍要问医生，他确信一个什么都不像的形态绝不会想象，不能进行任何叙述吗？

博尔德：我认为如此。关于这种能力的所有胡说八道都是江湖郎中所为，在剖开了若干动物之后，把它们拼凑成我们在自然中从未见过的怪物。

达朗贝尔：那么抽象呢？

博尔德：根本没有抽象。只有一些习惯性的迟疑，一些省略，它们让命题更加笼统，让语言更快捷和方便。那是些语言符号，它们催生了抽象科学。若干行为的某个共同性质产生了邪恶与美德这两个词。一些人的某个共同性质产生了丑与美这两个词。人们说一个人、一匹马、两只动物；接着人们说一二三，关于数的全部知识产生了。人们似乎没有意识到抽象的词。人们注意到所有物体的三维，长宽高。人们思考每个维度，由此产生了整个数学。任何抽象都只是一个去除了意念的符号。任何抽象科学都只是符合的组合。通过将符号与物理对象分离开，人们将意念排除了，只有将符号重新关联在物理对象上，科学才重新成为意念的科学。因此在谈话中，在著作中，人们常常需要举例子。在经过长篇的符号组合之后，您要求举一个例子，您向说话者要求的只是对于接连的这些语音给出有身体、形状、现实、意念的东西，将曾有的感受加在上面。

达朗贝尔：您明白了吗，小姐？

德·莱斯皮纳斯小姐：不完全明白，但医生会解释他的意思。

博尔德：说着容易。问题是我说的话没有什么东西要纠正和补充。现在十一点半了，我十二点的时候在玛莱区有个出诊。

达朗贝尔：用最迅捷最方便的话！医生，人们互相明白吗？人们所说的意思能被人明白吗？

博尔德：几乎所有谈话都是流水账……我不知道手杖哪儿去了……在谈话中，人们的思想中没有任何意念……我的帽子呢……没有任何一个人是与他人完全相似的，仅仅因为这一点，我们绝不会完全明白别人的意思，我们绝不会完全被人理解；整体权衡，有多一点，有少一点：我们的话语总是在感受之内，或者超出感受之外。我们看到人们判断中的多样性，人们没看到的而且幸好没看到的判断的多样性更何止千倍……再见，再见。

德·莱斯皮纳斯小姐：再多说一句，求您了。

博尔德：请快点说。

德·莱斯皮纳斯小姐：您还记得您跟我谈起的跳跃吗？

博尔德：是的。

德·莱斯皮纳斯小姐：您认为傻瓜和才智之士在他们的物种中有这些跳跃吗①？

博尔德：为什么不呢？

德·莱斯皮纳斯小姐：为我们的子孙后代庆幸。也许他们会再有一位亨利四世。

——————————

① 指前文中谈到的遗传特征隔代出现。

博尔德：也许新的亨利四世已经来了。

德·莱斯皮纳斯小姐：医生，您来跟我们吃午饭吧。

博尔德：我尽量，我不能保证。我来的时候您再把我加上好了。

德·莱斯皮纳斯小姐：我们等您到两点钟。

博尔德：好的。

谈话的继续

谈话者

德·莱斯皮纳斯小姐

博尔德医生

（大约两点钟的时候，医生回来了。达朗贝尔出去吃午饭了，医生单独与德·莱斯皮纳斯小姐在一起。仆人上菜。他们闲聊着，直到甜点时间。但是，当仆人们走远，德·莱斯皮纳斯小姐对医生说：）

德·莱斯皮纳斯小姐：好吧，医生，请喝一杯马拉加麝香葡萄酒，然后回答我一个脑子里想过许多次、而且只敢对您提的问题。

博尔德：这种麝香葡萄酒很棒……您的问题呢？

德·莱斯皮纳斯小姐：您对物种的杂交怎么看？

博尔德：天哪，这也是个好问题。我认为人类重视生殖行为，他们是对的。但我对他们的法则不满，不管是世俗的还是宗教的。

德·莱斯皮纳斯小姐：您有什么不满呢？

博尔德：法则的制定毫无公正，毫无目标，毫不重视事物的属性和公共利益。

德·莱斯皮纳斯小姐：请说明您的意思。

博尔德：我正有此意。但请等等……（他看看怀表）我还有整整一个钟头可以给您。我快点说，这时间对我们应该足够了。只有我们两个人，您不是个老虔婆，不管您对我的想法怎么看，您不会认为我对您缺乏应有的尊重。就我而言，我希望您对于我个人作风的正派不会得出什么不好的结论。

德·莱斯皮纳斯小姐：当然，但您的开场白让我有点担心。

博尔德：这样的话，我们换个话题吧。

德·莱斯皮纳斯小姐：别，别，您接着说吧。您的一位朋友想要给我们，我和我的两个姐妹做媒，他说妹妹与空气精灵般配，姐姐与报喜天使般配，我与第欧根尼的弟子般配。但是，医生，请加些掩饰，稍加掩饰。

博尔德：这不用说，主题和我的身份都要求我这么做。

德·莱斯皮纳斯小姐：这难不倒您……您的咖啡来了……请喝咖啡。

博尔德（喝了咖啡之后）：您的问题属于物理、道德和诗歌的范畴。

德·莱斯皮纳斯小姐：诗歌！

博尔德：毫无疑问。按照已经存在的生命来创造尚不存在的生命的艺术，这是真正的诗歌。这一回，我不引用希波克拉底，请允许我引用贺拉斯。这位诗人，或者说玩弄文字的人，他在什么地方说过：混合了功利与甜美者赢得每一场。最高的功绩就是统一了愉悦与功利。完美在于调和这两点。愉悦而有用的行动应当在审美秩序中占据首位；第二位应该给有用，第三位给愉悦，我们把既不带来快乐也不带来利益的放在最末位。

德·莱斯皮纳斯小姐：直到现在，我都能聆听您的见解而不感到脸红。下一步会把我们带到哪里？

博尔德：您会看到的。小姐，您能否告诉我，贞洁和严格禁欲能给奉行它们的个人或者社会带来什么好处或快乐吗？

德·莱斯皮纳斯小姐：说真的，没有任何好处或快乐。

博尔德：所以，尽管宗教狂热对它们大加颂扬，尽管世俗法律保护它们，我们却将它们从美德的清单中抹去，我们认为没有比这两种稀有的品性更幼稚，更可笑，更荒谬，更有害，更可鄙视的，除了真正的作恶，没有比它们更坏的了。

德·莱斯皮纳斯小姐：可以同意。

博尔德：要小心，我警告您，您很快会向后退。

德·莱斯皮纳斯小姐：我绝不会后退。

博尔德：那么，那些个人自渎行为呢？

德·莱斯皮纳斯小姐：怎么？

博尔德：怎么，它们至少给个人快乐，要么我们的原则是错误的，要么……

德·莱斯皮纳斯小姐：什么，医生！

博尔德：是的，小姐，是的，因为自渎行为同样是无所谓的，却并不同样没用。这是种需求，当没有需求在提出要求的时候，总是件美事。我想要人们身体好，我绝对想要做到这个，您明白吗？我谴责任何的过度行为，但是在我们当前的社会状态下，要从一百种合理考量中选一个，还不算人的身体情况和严格禁欲的有害后果，特别是对于年轻人。男人财产少、害怕后悔，女子害怕名节有失，这都会让正在怠惰和无聊中死去的可怜人，让无处求助的穷鬼，去以玩世不恭的方式草草了事。加图对一个去找妓女的年轻人说："鼓起勇气，我的孩子……"他今天还会说同样的话吗？相反，如果他现场逮到一个自渎的年轻人，他会补充说：自渎难道比玷污别人的妻子，或者有损自己的荣誉和健康更好吗？什么！因为现实情况剥夺了我所能想象的最大幸福，即将我的感官与我心所选的伴侣的感官融合、将我的沉醉与她的沉醉融合、将我的灵魂与她的灵魂融合的幸福，在她身体中并与她一起自我繁殖的幸福。因为我无法用功利之印记来肯定我的行动，我会禁止自己拥有必需的和美妙的一刻！有人让人给自己大量放血，过剩的体液的属性、它的颜色和摆脱它的方式又有什么重要？在这两种错误处置中，它都是多余之物。如果被压回到储存它的地方，分配到整部机器中，它会通过更长、更艰巨和危险的路径排出，难道这样损失更小吗？自然不接受任何无用的东西。当自然用最明确的征兆召唤我，我帮助它又有何过错呢？我们绝不要挑战自然，而是应该适时帮助它。我认为拒绝和无所事事只是愚蠢和错失的快乐。有人会对我说，您应该节制地生活，让自己极度疲劳。我明白你们的意思：让我免除一个快乐，让我使自己受罪而远离另一个快乐。想得倒好！

德·莱斯皮纳斯小姐：这学说可不适合对小孩子宣讲。

博尔德：也不适合对其他人宣讲。但您允许我做一个假设吗？您有一个懂事的女儿，过于懂事，她纯真，过于纯真了。她到了身体发育的年纪。她想不通，自然却不帮助她，这时您叫我来。我立刻看出让您害怕的所有症状都来自生殖液体的过剩和滞留。我警告您，她有发疯的危险，这很容易预见到，这疯病有时候可能难以治愈。我把治病的方法告诉您。您会怎么做？

德·莱斯皮纳斯小姐：说真话，我认为……但这种情况根本不会发生的……

博尔德：清醒点，这种情况并不少见，如果我们风俗的许可不加以预防，会更加常见的。不管怎样，传播这些原则，会践踏体面，招致最丑恶的怀疑，犯下损害社会的罪行。您在走神。

德·莱斯皮纳斯小姐：是的，我在犹豫是否向您提问，您是否遇到过需要对母亲说这番真心话的时候。

博尔德：当然。

德·莱斯皮纳斯小姐：母亲们做了什么决定？

博尔德：所有人，无一例外，都做了好的决定，合理的决定。我不会在大街上向奉行我的学说的男子脱帽致敬，只要称他厚颜无耻就足够了。但是，我们聊天，没有人见证，没有什么后果。我会告诉您我的哲学，这是全身赤裸的第欧根尼对年少害羞的雅典人说的话，他提出跟年轻人摔跤："我的孩子，没什么好怕的，我并不比别人更坏。"

德·莱斯皮纳斯小姐（捂住眼睛）：医生，我看出您要说什么了，我打赌……

博尔德：我不打赌，您会赢的。是的，小姐，那是我的看法。

德·莱斯皮纳斯小姐：怎么！要么自我封闭在自己的同类中，要么走出去？

博尔德：正是。

德·莱斯皮纳斯小姐：您真是可怕。

博尔德：可怕的不是我，是自然或社会。听着，小姐，我不受词语左右，我无拘束地解释自己的想法，因为我是纯洁的，因为我的生活作风一贯的纯洁是无可置疑的。所以，我问您，两种行为如果同样是限于肉欲的，只能提供没有用处的快乐，但是其中一个行为只能给行动者快乐，另一个则是与男性或女性的同类分享快乐，这里与性别、与性别的用途无关，请问常识赞同这两种行为中哪一个？

德·莱斯皮纳斯小姐：这个问题对我来说太难了。

博尔德：啊！才做了四分钟的男子汉，您又拿起您的软帽和衬裙，变回女人了。真及时，好吧，应该把您当女人看。就这么办……我们不谈杜巴利夫人……您看，一切都平息了。大家还以为宫廷会动荡。主宰者做了有理智的人做的事，赢。他保住了他喜欢的女人和对他有用的部长。您没在听我说话……您在想什么？

德·莱斯皮纳斯小姐：我在想那些性别组合，我觉得它们都是反自然的。

博尔德：一切存在的东西都不是反自然的，也不是超出自然的，甚至自愿的贞洁和禁欲也不例外，如果可以犯反自然的罪行，它们是首先反自然的两个，在以宗教狂热和偏见之外的别的标准来衡量人的行为的国家中，它们是首先违反社会准则的。

德·莱斯皮纳斯小姐：我回到您那该死的三段论，我看不到任何折中，要么全部否定，要么全部肯定。但是听着，医生，最诚实、最简短的路就是跳过泥坑，回到我最初的问题：您对物种的杂交怎么看？

博尔德：要回答这个问题，不需要跳过泥坑。我们正在回答。您的问题属于物理还是道德呢？

德·莱斯皮纳斯小姐：物理的，物理的。

博尔德：那更好。我们本来从道德开始，您来决定。所以呢……

德·莱斯皮纳斯小姐：同意，无疑那是个前奏，但我想……让您把因果区分开。我们先把丑恶的因放在一边。

博尔德：这是命令我从结尾开始。但既然您希望这样，我就告诉您，因为我们的怯懦，我们的反感，我们的法律，我们的偏见，存在很少的已经进行过的实验。我们不知道那些完全没有结果的交配是怎样的。不了解功利与愉悦结合的情况。不知道经过多种跟踪的尝试能得到什么物种。不知道这些动物是真的还是虚构的。不知道是否会以多种方式增加骡子的种类，不知道我们已知的那些骡子种类是否真的不育。但是有一个奇特的事实，无数有文化的人向我们保证说——但其实是假的——他们在大公爵的鸡舍里看到一只无耻的兔子，它为二十来只母鸡充当公鸡，这些无耻的母鸡接受了。他们会补充说，有人向他们展示一些长着毛的鸡蛋，是这种丑恶行为的结果。请您相信，这些人是被人耍弄了。

德·莱斯皮纳斯小姐：但您的跟踪的尝试是什么意思？

博尔德：我的意思是生物的流通是渐进的，生物的同化需要预备，为了做成这类实验，必须远距离从事，首先让习性相似的动物接近。

德·莱斯皮纳斯小姐：很难让一个人去吃草。

博尔德：但让山羊习惯挤奶不难，很容易让山羊以面包为食。我选择山羊，是因为一些我自己特别的考虑。

德·莱斯皮纳斯小姐：什么考虑？

博尔德：您真大胆！因为……因为我们从山羊会得到一个有活力的、聪明的、不知疲倦的和行动迅捷的物种，我们可以让它们成为出色的仆人。

德·莱斯皮纳斯小姐：很好，医生。我感觉已经看到在我们公爵夫人们的马车后面跟着五六个高大蛮横的长着山羊脚的牧神，这真让我高兴。

博尔德：那样，我们就不会再贬低我们的人类兄弟，让他们受奴役于一些配不上他们和我们的工作。

德·莱斯皮纳斯小姐：这更妙了。

博尔德：我们不再让殖民地的人沦为被役使的牲畜。

德·莱斯皮纳斯小姐：快呀，快呀，努力工作，给我们造出一些长山羊脚的牧神。

博尔德：您毫无顾忌地就允许这样做了？

德·莱斯皮纳斯小姐：不，停下，我有了一点顾忌。您的山羊脚们是些荒淫无度的生物吧。

博尔德：我不能向您保证它们是道德的。

德·莱斯皮纳斯小姐：对于正派的女性不再有安全可言了。它们会无限繁殖。久而久之，要么得消灭它们，要么向它们屈服。我不再想要它们了，不再想要了。您还是安静待着吧。

博尔德（要离开）：它们受洗礼的问题呢？

德·莱斯皮纳斯小姐：索邦大学会吵成一锅粥的。

博尔德：在国王花园，一个玻璃笼里，您看到过那个像是在沙漠中布道的圣约翰的猩猩吗？

德·莱斯皮纳斯小姐：是的，我看到过。

博尔德：波利尼亚克主教有一天对它说："说话吧，我会给你施洗礼。"

德·莱斯皮纳斯小姐：再见吧，医生。请您不要厌倦尘世，就像您现在这样。有时，请想想我疯狂地爱您。如果有人知道您对我讲的这一切恐怖的事！

博尔德：我肯定您会守口如瓶的。

德·莱斯皮纳斯小姐：您可别相信这个，我听您讲就是为了跟别人复述的乐趣。但是，再说一句，我一辈子不会再提了。

博尔德：是什么？

德·莱斯皮纳斯小姐：那些恶劣的品味是从哪里来的？

博尔德：来自各处，来自年轻人的缺乏组织，来自老年人受到侵蚀的头脑，来自雅典城里美色的吸引，来自罗马城里女人们的挨饿，来自巴黎城里对梅毒的恐惧。再见了，再见。

关于物质和运动的哲学原理[*]

龚觅/译

* 本文据保尔·韦尼埃所编《狄德罗哲学文集》（*Oeuvres philosophiques de Dide-rot* ，Éditions Garnier Frères，1964）译出。

我不知道，究竟在什么意义上，哲学家们假设物质与运动和静止无关。但我能够确定的是，所有的物体都互相吸引，组成这些物体的分子们也互相吸引，并且在此宇宙间，万物都处在迁移或内部运动之中，或者它们干脆同时处在迁移及内部运动之中。

　　哲学家们的上述假设大概和几何学家们的设定相似。几何学家们接受的是没有任何维度的点，是没有宽度也没有厚度的直线，以及没有厚度的平面；或者他们谈论的是一个物体相对另一个物体的静止状态。在被风暴袭击的船上，一切都处在相对的静止中，但没有任何物体处于绝对的静止，就连组成船体乃至船上各种物品的分子，也都没有绝对的静止可言。

　　如果他们面对任何一个物体，既不能想象其运动的趋势，也无法想象其静止的趋势，这是因为他们在表面上把物质视为同质性的；是因为他们把物质固有的所有属性都抽象掉了；是因为他们在自己进行思辨的这几乎不可分割的瞬间，把物质视为从不变化的东西；是因为他们推论的对象是物体相对于另一物体的静止；是因为他们忘记了，当他们推论说物体无关于运动或静止的时候，大理石却正在酝酿自己的解体；是因为他们用思想取消了驱动所有物体的一般运动，也取消了物体相互之间特殊的、同时毁灭它们的作用；是因为这种"无关性"尽管是错误的，但在某个瞬间是成立的，不会使运动的规律陷入谬误。

根据有些哲学家的意见，物体本身无关于作用和力。这是个可怕的错误，与一切正确的物理学和化学体系都无法相容：事实上，就其自身和它的固有属性的本质而言，不管我们把物体视为单独的分子还是物质的集合体，它都饱含着活动和力。

这些人还补充说，为了向你们表现运动，除了存在着的物质以外，你们还需要设想加在这个物质上的力。完全不是这样。任何一个分子，只要具备了符合其本性的属性，那么它自身就是一个积极的力。它作用于另一个分子，也受到后者的作用。所有这些谬误都源自对物质的同质化的错误假定。你们这些坚定地设想静态物质的人，你们能够想象静止的火吗？自然中的一切都有其不同的活动，就像在被你们称作火的这团分子中一样。在这团你们称为火的物质中，每个分子都有它的本性、它的活动。

运动和静止之间的真正区分，就在于绝对的静止是一个抽象的概念，它不存在于自然当中，而运动则是一种与长度、宽度和深度同样现实的属性。你们头脑中出现的事情，与我何干呢？你们把物质看作同质或者异质的东西，与我何干呢？你们把物质的属性抽象掉，只观照它的存在本身，看到的全是它的静止，又与我何干呢？由此一来，你们又去寻找一种推动物质的原因，这又与我何干呢？只要你们高兴，尽管去搞几何学和形而上学，而我作为物理学家和化学家，将在自然中而非我的头脑里把握物体；我眼中的物体是实存的、各不相同的，具有自己的特性和活动，它们在宇宙中的运动法则就像在实验室中一样，在那里，只要有火星在三个组合在一起的硝石、木炭和硫磺分子旁边溅起，没有不立刻引发爆炸的。

重力绝对不是一个导致静止的趋势，而是一个通往原地运动的趋势。

人们又说，为了让物质运动起来，必须要有一个作用，一个力；是的，或者是来自分子之外的力，或者是分子内在的、固有的、亲和性的力，由此使分子具有火、水、硝土、碱、硫磺的特性：不管这种特性具体是什么，都会引发力，引起分子由内而外的作用，以及其他分子对它的作用。

作用在分子上面的力是会衰竭的，但分子内部的力从不枯竭，它是固定不变的、永恒的。这两种力可以引发两种内部运动，一种由始而终，一种无休无止。因此，物质总会抵抗运动的说法是荒谬的。

力的量在自然当中是恒定的，但内部运动的总和与外部迁移的总和是可变的。内部运动的总和越大，外部迁移的总和就越小；反之，外部迁移的总和越大，内部运动的总和就越小。一个城市遭了火灾，迁移的总量就会急剧增加。

　　一个原子就可以推动世界，这是最真实不过的，就像世界可以推动这个原子一样真实，因为原子有其自身的力，这个力不可能不引发它的后果。

　　如果一个人是物理学家，那他就绝不能说作为物体的物体，因为这么说就不再是研究物理学，而是从事一种没有结果的抽象。

　　不可把作用与质量混为一谈。大质量与小的作用可以兼容，小质量也可以与大的作用并存。一个空气分子足以让一块钢铁爆炸，四颗火药的碎粒就能炸裂一块岩石。

　　是的，当我们比较一个同质的集合体和另一个由相同的同质物质组成的集合体时，如果我们讨论的是这两个物体之间的作用力和反作用力，那么这二者之间的相对能量确乎是与它们的质量成正比的。但假如这里涉及的是由异质物质组成的集合体、异质的分子，那么它们牵涉的就不会是同样的规律了。每个构成物体的基本分子内部固有的力有多少种，就有多少种不同的规律。

　　物体总是抗拒水平运动。这句话该如何理解呢？我们清楚地知道，在我们居住的星球上，有一个普遍适用于一切分子，使它们按照与地面垂直，或者几乎垂直的方向下坠的力。然而这个普遍的、共同的力有千万种其他的力与之抗衡。加热后的玻璃管可以让金箔飞舞起来，狂风让空气中弥漫着尘土，热使水蒸发，而水蒸气里又携带着盐分子。当一块黄铜贴着地面，空气就会作用于它，使其表面覆盖上一层锈迹，并开始腐蚀这个物体：我对成块的物体的描述，也适用于分子。

每个分子都应被视为同时受三种作用的影响：重力或者说引力；其内部固有的，适合其本性——如水、火、空气、硫磺之本性——的力；以及其他分子加在它上面的作用。这三种作用可以是协调一致、趋向同一结果的，也可以是分散的。当作用是集中协调的时候，分子具有它能够达到的最强作用；要对这种最强的作用形成一个观念，可以说就需要作出一大堆荒谬的假定，把分子置于一种完全形而上学的情境当中。

在什么意义上我们可以说，物体质量越大，它就越抗拒运动呢？并不是在物体质量越大，它对障碍物的压力就越弱这一层意义上。没有一个挑夫不知道事情是相反的：这只是相对于与压力相反的方向而言的。在这个相反的方向上，的的确确物体的质量越大，它就越抗拒运动。在重力的方向上，同样可以确定，物体的压力或者力，或者其运动的趋向，确实与其质量成正比。这说明什么呢？什么也不说明。

当我看见物体下落，我不会有任何惊讶，就像我看见火焰升腾，看见四溢的流水从高处奔泻而下，只要少许的流量就能击碎最坚固的瓶子时的情景一样。那种感受，也恰如我看见膨胀的水蒸气在帕潘①发明的压力罐里压碎最坚硬的物体，在"火力机"里举起最沉重的东西一样。但我的目光停留在所有的物体上，一切物体在我眼中都处在作用力和反作用力之中，一切物体都在一种形式下毁灭，又在另一种形式下被重组起来；我看见各式各样的升华、分解、组合，这些现象无法和物质的同质性兼容。我由此得出结论：物质总是异质性的，自然中存在着无穷无尽、多种多样的元素，每种元素都因为其特殊性而具有特定的、内在的、不变的、永恒的、无法摧毁的力；我还相信，这些内在于物体的力在物体之外也会起作用，宇宙普遍的运动或者不如说骚动，就是这样产生的。

那些其错误和谬论被我驳斥的哲学家们，他们在做什么呢？他们坚信世上只有一种独一无二的力，这种力也许是一切物质分子都共有的。我说也许，是因为假如自然中真有这样一个分子——当它与另一个分子结合起来时，会让二者的结合物变得更轻——我绝不会为此感到惊讶。每天人们在实验室里都尝试用一个没有活力的物体让另一个没有活力的物体变成气态；而另外那些人，因为在重力之外看不到宇宙间还有其他的作用力，于是宣称物质是无关于静止或者运动的，或者声称物质有趋向静态的倾向，这些人自以为解决了问题，其实他们甚

———————

① Denis Papin（1647—1712），法国数学家、物理学家、发明家。

至都没有触及真正的问题。

当人们认为一个物体或多或少抵抗着重心，而不是一味沉重，趋向其重心，人们就承认这个物体具有一种力，一种固有的、内部的力；然而物体还有很多其他的力，其中一些作用于各个不同的方向，另一些则作用在特定的方向上。

不可能设想有任何存在是外在于物质宇宙的。永远不应尝试做此类假设，因为从中推论不出任何东西。

所有关于不可能扩大运动或者速度的说法，都直接针对着关于物质的同质性的假设。可是即便如此，对那些从物质的异质性中推论出物质的运动的人来说，又有什么关系呢？假设一种同质性的物质的存在，往往会导致其他的谬误。

如果我们不固执己见，一味从自己的头脑出发去看待事物，而是能够从宇宙的角度去看待它们，那么考虑到现象的多样性，我们就会相信基本物质的多样性、力的多样性、作用与反作用的多样性，以及运动的必然性。如果我们承认上述真理，我们就不会再说："我看见物质存在着；我首先看到它处在静止状态。"因为，我们会意识到，这么说不过是把世界抽象化了，从这种抽象中无法得出任何东西。存在本身既不引起静止，也不导致运动，但存在并非物体的唯一属性。

所有假定物质无所谓运动和静止的物理学家，对物质的抵抗作用都没有清晰的观念。如果物理学家要从抵抗作用中得出某种结论，前提必须是这种作用不加区分地发生在所有方向上，而且其能量在每个方向上都是相等的。这样一来，这就是物质内部的力，就像所有分子内部的力一样；不过，抵抗作用是多种多样的，物体在多少个方向上可以被推动，就有多少种抵抗作用，在垂直方向上的抵抗作用比在水平方向上更大。

重力与惯性力的不同，在于重力并不在所有的方向上都进行相同的抵抗，而惯性力的抵抗在所有方向上都是相同的。

为什么惯性力不会仅仅凭着与物质的量成比例的抵抗作用，产生把物体保持在静止或运动状态的效应呢？纯粹的抵抗作用的概念，同时适用于静止和运动；如果物体处在运动中，抵抗作用使它们趋向静止；如果物体在静止中，抵抗作用使它们趋向运动。如果没有抵抗作用，在运动之前就不会有冲击，在冲击之后也不会有停止，因为物体本身什么也不是。

在用线悬挂球体的实验中，重力被消除了。球对线的牵扯力，正好和线对物体的牵扯力相当。因此，物体的抵抗作用仅仅来自惯性力。

如果线对球的牵扯力大于重力，球就会上升。如果球体受重力的牵扯超过线的牵扯力，球就会下降。以此类推，不再赘述。

Denis Diderot
Le rêve de d'Alembert

图书在版编目(CIP)数据

达朗贝尔的梦/(法)德尼·狄德罗著;龚觅,周
莽译;罗芃主编. —上海:上海译文出版社,2023.10
（狄德罗文集）
ISBN 978 - 7 - 5327 - 9289 - 4

Ⅰ.①达⋯　Ⅱ.①德⋯②龚⋯③周⋯④罗⋯　Ⅲ.
①狄德罗(Diderot, Denis 1713 - 1784) - 哲学思想　Ⅳ.
①B565.28

中国国家版本馆 CIP 数据核字(2023)第 161235 号

达朗贝尔的梦	Denis Diderot	策划编辑　李月敏
Le rêve de d'Alembert	[法]德尼·狄德罗　著 龚觅　周莽　译　罗芃　主编	责任编辑　张　鑫 装帧设计　尚燕平

上海译文出版社有限公司出版、发行
网址:www.yiwen.com.cn
201101 上海市闵行区号景路 159 弄 B 座
杭州宏雄印刷有限公司印刷

开本 890×1240　1/32　印张 7.75　插页 6　字数 112,000
2023 年 11 月第 1 版　2023 年 11 月第 1 次印刷

ISBN 978 - 7 - 5327 - 9289 - 4/I · 5785
定价:50.00 元